中华文化与汉语教学研究文库

国际汉语教学
理论与实践
（第二辑）

刘文政 ◎ 主编

首都经济贸易大学出版社

Capital University of Economics and Business Press

·北 京·

图书在版编目(CIP)数据

国际汉语教学理论与实践．第2辑/刘文政主编．-- 北京：
首都经济贸易大学出版社,2018.6

ISBN 978 - 7 - 5638 - 2797 - 8

Ⅰ．①国…　Ⅱ．①刘…　Ⅲ．①汉语—对外汉语教学—
教学研究　Ⅳ．①H195.3

中国版本图书馆 CIP 数据核字(2018)第 082361 号

国际汉语教学理论与实践(第二辑)
刘文政　主编

责任编辑　王　猛

封面设计　砚祥志远·激光照排
　　　　　TEL: 010-65976003

出版发行　首都经济贸易大学出版社

地　　址　北京市朝阳区红庙（邮编 100026）

电　　话　(010)65976483　65065761　65071505(传真)

网　　址　http://www.sjmcb.com

E - mail　publish@cueb.edu.cn

经　　销　全国新华书店

照　　排　北京砚祥志远激光照排技术有限公司

印　　刷　北京玺诚印务有限公司

开　　本　710 毫米×1000 毫米　1/16

字　　数　185 千字

印　　张　10.5

版　　次　2018 年 6 月第 1 版　2018 年 6 月第 1 次印刷

书　　号　ISBN 978 - 7 - 5638 - 2797 - 8/H·195

定　　价　35.00 元

目 录

1 "菜涨涨"——汉语中一种特别的重叠式新名词

许晓华

摘要： 从构词来看，与汉语中原有的 ABB 式状态形容词相比，近年来出现的 ABB 式新词语在结构成分的性质、构词方式、词性及句法功能等几方面都有很大不同。从语义来看，这类新词语指称的往往是社会负面现象，带有消极意义色彩。从语用功能来看，这类新词语往往带有一种调侃与讽刺的意味。这类新词语出现的主要原因是为表达特定语义和语用内容及满足人们表达上求新求异的需求。

关键词： ABB 式新词语　语义　语用

近年来，汉语中出现了一些 ABB 式新词语，如"菜涨涨""楼加加""桥危危""瓜裂裂""温跑跑"等。这类新词语无论在构词上、语义上、语用色彩上都带有自身的一些特点，与汉语中固有的 ABB 式状态形容词存在极大的差异①。

一、ABB 式新词语的构词特点

在形式上看，这些新词语的共同特点有两个，一是都为三音节词，二是后两个音节为重叠形式，这两点与汉语中原有的 ABB 式状态形容词（如"绿油油""红彤彤""金灿灿"等）形式是一致的。虽然构词形式相同，但这两类词语却存在明显的差异。从构词成分的性质上看，"绿油油"等状态形容词

作者简介：许晓华（1973 年生），首都经济贸易大学国际学院副教授，研究方向：现代汉语词汇及对外汉语教学。

① 《汉语新词语》（2011/2012）中的 ABB 式新词语：骨脆脆、范跑跑、郭跳跳、楼垮垮、楼歪歪、医跑跑（2011 年前）；菜涨涨、盖脆脆、瓜裂裂、楼加加、楼接接、桥危危、温跑跑（2011 年）；贵羊羊、楼水水、楼粉粉（2012 年）。

中的 A 大都是单音性质形容词①；而"菜涨涨"等新词语中的 A 基本上都是单音名词。从构词方式上看，"绿油油"为词根 A（即"绿"）加上重叠后缀 BB（即"油油"）构成的派生词，BB 和 A 是补充与被补充的关系；而"菜涨涨"则为词根 A（即"菜"）加词根 B（即"涨"）的重叠形式构成的复合词，BB 和 A 是陈述与被陈述的关系。另外，从词性和句法功能来看，"绿油油"等词皆为状态形容词，在句中主要出现在定语或谓语位置上；而"菜涨涨"等词在句中主要出现在主语或宾语位置上，其性质相当于名词（《汉语新词语》已将这些三音词皆标注为名词）。比如下列各句②：

例 1　雨患余波，杭城蔬菜一天一个价，菜价肉价齐飞，成了"菜涨涨"。

例 2　江苏省丹阳市 700 亩现代高效设施农业示范园里，三分之二未熟西瓜开裂，"瓜裂裂"令当地瓜农伤透脑筋。

例 3　小区刚换上 300 多个铸铁井盖，担心淘汰下来的"盖脆脆"会流向其他地方被再使用，物业顺应大家想法，邀请业主一起销毁害人的"盖脆脆"。

因此，从形式方面来看，"菜涨涨"等词的构词特点可以概括为：三音节 ABB 式复合词，BB 和 A 是陈述与被陈述的关系，词性为名词。

二、ABB 式新词语的语义共性和语用特点

从其表达的语义内容来看，"菜涨涨"等词都是对某类新出现的、引起人们较多关注的社会现象的概括。这类社会现象的共同特点是，一般为人们普遍关心的、与人们日常生活息息相关的现象，且都属于一种社会负面现象。例如，蔬菜、羊肉价格不断上涨，日常生活成本不断增加，让老百姓感到经济压力增大，因此，大家就分别用"菜涨涨"和"羊贵贵"来概括这两种现象。再如，现在人们关心住房质量问题，房屋存在的安全隐患往往会引起人们的关注，于是，人们将那些"违反规定、擅自增加楼层高度存在安全隐患的楼房"③称为"楼加加"，将"违法违规施工，在原有楼房上面再接一层的建筑物"称为"楼接接"，将"建筑质量极差，顶层漏雨或墙面渗水等的楼

---

①　极少数 ABB 式状态形容词中的 A 不是形容词，比如"眼睁睁"中的"眼"，即为名词。

②　如无特别说明，本文例句皆出自《汉语新词语》2011、2012 年版。

③　如无特别说明，本文中加引号的释词皆引自《汉语新词语》2011、2012 年版。

房"称为"楼水水",将"建筑质量极差,承重隔离板遇水可捏成粉的楼房"称为"楼粉粉"。可以说,这类新词语的语义共性就是都带有消极意义,指称的是社会负面现象,传达的是一些负面信息。

这些 ABB 式新词语除了表达特定的语义内容外,还具有特定的语用功能,表达出人们对这类社会现象的态度和情感。具体而言就是,这些词往往带有一种调侃与讽刺的意味,表明人们对这类社会现象的不满、气愤或无奈。比如,下文中的"菜涨涨""桥塌塌""桥危危"即带有一种明显的讽刺意味,表达出人们对菜价不断上涨和桥梁质量问题频出的不满与愤怒。

例 4 对于 6 月份出现的"菜涨涨",很多市民还记忆犹新,青菜卖到 4 元一斤,不少蔬菜都是一天一个价。(2011 年 7 月 7 日《钱江晚报》)

例 5 我们这个民族造桥是有着千年历史的,1 400 多年前修建的赵州桥至今仍屹立,但是我们却要面对"桥塌塌"频发、"桥危危"不断的现实,令人痛心。(2011 年 7 月 19 日中央人民广播电台《新闻晚高峰》)

事实上,《汉语新词语》(2011/2012) 对某些词语的释词中就使用了"戏谑说法"、"戏称"或"谑称"等词语,这些释词本身既已表明这些新词语表达说话人对某种现象的情感态度,带有调侃与讽刺的意味。比如书中对下列词语的释义:

【楼加加】对违反规定、擅自增加楼层高度存在安全隐患的楼房的<u>谑称</u>。

【菜涨涨】对蔬菜价格不断上涨的<u>戏谑说法</u>。

【桥危危】对损坏严重、随时有坍塌危险的桥的<u>戏称</u>。

但值得注意的是,书中只对这三个词语的释义使用这类释词,在其他词语的释义中却并未使用。或许是因为这三个词语的使用频率要明显高于其他词语,且该词语所概括的社会现象在多地出现,具有一定的普遍性,引起的社会反响也更大。

三、ABB 式新词语出现的原因

ABB 式新名词与汉语中固有的名词性复合词在构词模式和语义模式方面具有明显差异。汉语名词性复合词中双音复合词占绝大多数,其主要语义模式是"提示特征 + 事物类"(董秀芳,2004:133),而这些名词采用的是汉语名词从未采用过的 ABB 式,语义模式也并非名词性复合词的常规语义模式。人们造词的目的是满足交际的需要,ABB 式新名词的出现同样是基于人们实际交际的需要。其主要原因应该有两个，一是为表达特定的语义和语用内容，二是为满足语言表达求新求异的特定需求。

首先，汉语原有词汇系统中没有现成的词语，既能指称这些新出现的社会现象，又能表明人们对于这类现象的情感态度，因此需要造出一些新词语。从上文中各新词语的释词可以看出，这些新词语表达的内涵较为丰富，如果将其内容完全表达清楚，往往需要使用较长的短语或句子。但短语和句子的形式不利于记忆，相比较而言，以词的形式将其内容固定下来更有利于交际。于是，造词者选择了其中两个关键性语素组合成 ABB 式三音词来表达，将丰富的内涵用特定的词语固定下来，简洁而概括，正如吕叔湘先生在《语文常谈》（1964：64-65）中所言，"语言的表达意义，一部分是显示，一部分是暗示，有点儿像打仗，占据一点，控制一片"。

其次，ABB 式名词与一般名词的构词方式不同，满足了人们在语言表达中求新求异的特定需求。这些新的社会现象之所以引起人们关注，是因为较为普遍，同时还有情况越来越严重的趋势，也因此引发了人们的担心、不满、恐慌甚至愤怒，当然也有无奈。选择新异表达形式，就是因为新异表达形式更容易引起人们的关注，同时也能将这诸多内容和情感融入其中。

同时还应该看到，虽然是新异表达，但这些新词语选用重叠构词方式在汉语中是有语言基础和理据的。首先是重叠形式在汉语中可以表达"词义增量"（蔡淑美等，2007）。重叠后的形式加长和意义增加相关，体现了人类认知中的象似性原则，即形式复杂则意义复杂。人们希望借助这种构词形式来表明某种社会现象的普遍性和严重性，现实生活中有表达词义增量的需要，就为这种 ABB 格式的使用提供了可能性。因此，"菜涨涨"指称的不是一般的菜价上涨情况，而是菜价持续不断上涨的情况；"楼危危"指称的也不是楼房存在一点点危险，而是非常危险的情况。其次是这些新词语选择采用 ABB 式，与汉语重叠形式的特定功能有关。这些 ABB 复合词中的语素 B 一般是动词或形容词性成分，而汉语中一些动词和形容词性成分重叠形式的功能类型之一就是"生动重叠"，也就是说，可以使词语增加"生动化"的色彩，带有"生动化"的语用意义（赵元任，1968/2010：109）。正因如此，这些 ABB 式新名词也就可能更加生动地指称这类社会现象，带上"生动化"的色彩。另外，近年来汉语新词语中"三字词语比例持续占优势"（侯敏，2012），ABB 式新词语的出现可能也与这一词汇发展趋势有关，因为较之双音词，三音词表达的语义和情感内容往往更为丰富。

总之，ABB 式新词语的出现满足了人们的表达需要，表明了人们对于某些负面社会现象的情感和态度，同时也丰富了当代汉语的构词方式和表达手段，是一种值得注意的语言现象。虽然有些新词语指称的社会现象可能会随着社会的发展进步、国家政策的实施和法制的不断健全而消失，但社会发展变化过程中很可能还会出现其他方面的问题或现象。因此，作为一种新的构词方式和表达手段，ABB 式名词构词模式的生命力可能不会消失。可以预见，今后应该还会出现更多的 ABB 式新名词。

参考文献：

[1] 蔡淑美，施春宏．阎连科作品中的重叠形式探析：兼谈语言表达形式的可能性和现实性 [J]．语言教学与研究，2007（4）．

[2] 董秀芳．汉语的词库与词法 [M]．北京：北京大学出版社，2004：133．

[3] 侯敏，杨尔弘．汉语新词语 [M]．北京：商务印书馆，2011．

[4] 侯敏，邹煜．汉语新词语 [M]．北京：商务印书馆，2012．

[5] 吕叔湘．语文常谈 [M]．北京：生活·读书·新知三联书店，1964：64 - 65．

[6] 赵元任．汉语口语语法 [M]．北京：商务印书馆，1968/2010：109．

2 按四呼分类考察各类韵母对留学生汉语单音节声母听辨的影响[①]

刘一杉

摘要： 由于汉语音节具有"内紧外松"的特点，音节内部协同发音现象比较明显。不同韵母的韵头可能影响声母的发音。本文据此对零起点来华留学生的单音节声母听辨数据进行分析，考察每个声母在与不同类型韵母拼合时，留学生对该声母听辨的错误率是否有差异。结果证明，大约一半的声母在与不同类型韵母拼合时，听辨错误率在组间存在差异，并与拼合规律有一定的关系。我们认为，这种差异出现的原因主要是声母与韵母协同发音影响了不同环境下声母听辨的难度。在教学中，我们可以据此安排更加有针对性的练习。

关键词： 韵母　影响　声母听辨

一、缘起及研究目的

在对外汉语教学研究领域，以往关于汉语学习者声母和韵母听辨的研究有很多。这些研究大多依据理论上声母和韵母的分野，尽可能地排除干扰因素，在概念上或者实操上将声母或韵母从音节中提取出来，研究留学生对其的听辨偏误。然而我们知道，音节是汉语中可感知的最小语音单位，基础性、整体性很强；汉语每个音节都有声调，声调对音节起到了客观上的"定界"作用；音节之间不连读，音节内部协同发音现象明显。以上诸多因素，导致汉语音节呈现"内紧外松"的特点。音节之间的界限比较清晰，而音节内部

作者简介：刘一杉（1983 年生），首都经济贸易大学国际学院讲师，研究方向：汉语语音及汉语作为第二语言的语音教学。

① 本研究受到首都经济贸易大学新入职青年教师科研启动基金项目资助。

各音素的关系非常紧密，紧密程度超过许多其他语言，这就可能引起声母和韵母相互作用，导致相同声母和韵母在不同的音节环境中，其发音的声学特征发生微小的变化。所以我们考虑，这种声韵母的相互作用，有可能影响学习者的听辨。或者说，即使是相同的声母或韵母，当处于不同的音节环境中时，学习者对其的听辨结果可能不同。

汉语普通话不计声调有 400 余个音节，如果声母和韵母之间存在影响听辨的交互作用，那么情况势必非常复杂。本文主要考察搭配不同的韵母时，留学生被试对声母的听辨情况。

如前所述，汉语音节"内紧外松"，音节内部结合紧密，协同发音现象明显。根据李云靖（2012）的研究，汉语音节中各音素的发音并不是按照拼音中各音素的排列顺序陆续开始的，而是在整个音节开始时，后面所有音素的发音动作已经准备就绪。这一点与我们的实际经验也是吻合的。比如，我们在发音节 xuan 时，声母 x 发音的同时，韵头 ü 的圆唇动作已经完成，实际上在此音节中，声母 x 是带有 xu 的色彩的；与此类似，在发音节 xian 的时候，声母 x 发出的同时，韵头 i 的展唇动作也已经完成。由此可知，在汉语母语者的实际发音中，声母常常会受到韵母，尤其是韵头发音的影响。因此，我们将韵母按四呼归类，考察声母在与不同类别的韵母搭配时，留学生对该声母的听辨错误率是否会有显著的差异。

二、数据来源

研究所依据的数据来自 7 个学期的零起点汉语学习者拼音听写。被试来自塔吉克斯坦、乌兹别克斯坦、哈萨克斯坦、俄罗斯、白俄罗斯、乌克兰、波兰、捷克、阿塞拜疆、美国、巴拿马、法国、芬兰、韩国、蒙古、老挝、日本、越南、乌拉圭、塞拉利昂、塞尔维亚、几内亚、保加利亚共 23 个国家。每次听写都包括写声母、写韵母、写声调、写音节等多个专项练习。目前数据总量已超过 80 000 音节次。听写材料由笔者自编电脑程序从所有汉语普通话的合法音节中随机抽取获得，每次有 40 个音节会要求被试听辨声母。为控制听辨条件，每次听写均经过严格录音，每个音节读两遍，两遍之间间隔 2 秒，两个不同音节之间间隔 6 秒，被试听录音写声母，所有录音的播放环境和设备在各次测试间保持一致。测试以课堂拼音听写练习的名义进行，被试不清楚具体测试目的。最终声母听辨练习共记录 34 060 音节次。

三、小规模试分析

我们首先以汉语拼音中 p、t、k 三个声母为样本进行了初步探索。之所以选择这三个声母作为样本，是因为在许多语言中，［±清浊］是塞音的一对区别特征，而在汉语中，［±送气］是清辅音的一对重要的区别特征。由于［±送气］具有辨义功能，与许多学习者的母语有所区别，所以在零起点汉语语音教学中，声母 p、t、k 的偏误比较典型和常见。

数据统计结果按不同韵母所属四呼类别排列如表 1 所示。

表 1　以声母 p 开头的单音节声母听辨错误率统计

声母	韵母	声母听错数	音节总数	错误率（%）	韵母类别
p	ou	27	113	23.89	开
p	ei	13	63	20.63	开
p	ai	17	88	19.32	开
p	en	13	69	18.84	开
p	o	14	83	16.87	开
p	an	13	92	14.13	开
p	ao	14	116	12.07	开
p	a	9	99	9.09	开
p	ang	4	83	4.82	开
p	eng	6	132	4.55	开
p	i	5	101	4.95	齐
p	ie	1	21	4.76	齐
p	ing	4	109	3.67	齐
p	ian	2	56	3.57	齐
p	iao	2	71	2.82	齐
p	in	4	208	1.92	齐
p	u	14	125	11.20	合
	总计	162	1 629	9.94	

从表 1 可以看到，声母 p 与合口呼韵母相拼的音节只有 pu 一例，因此，在单因素方差分析中暂不考虑。虽然可能受到偶然因素的影响，结果不是非常整

齐,但整体上看,声母 p 在与开口呼韵母搭配时,听辨的错误率明显高于韵母为齐齿呼的音节。对声母 p 与开口呼和齐齿呼搭配时的听辨错误率进行单因素方差分析,结果为:$F = 15.016\,6$ 大于 $F_{crit} = 4.600\,1$,$P = 0.001\,682$ 小于 0.05。由此可知,两组错误率有显著差异。开口呼组音节声母听辨平均错误率为 14.42%,齐齿呼组为 3.61%。由此可见,声母 p 在与开口呼韵母搭配时,更容易听错。

从表 2 可以看到,声母 t 在与开口呼韵母搭配时,听辨的错误率明显高于韵母为齐齿呼及合口呼的音节。将 t 的听辨错误率按所搭配韵母的四呼类别分为三组,进行单因素方差分析,结果为:$F = 8.831\,1$ 大于 $F_{crit} = 3.633\,7$,$P = 0.002\,605$ 小于 0.05。可知,三组错误率有显著差异。开口呼组音节声母听辨平均错误率为 13.94%,齐齿呼组为 5.93%,合口呼组为 6.80%。由此可见,声母 t 在与开口呼韵母搭配时,更容易听错。

表2 以声母 t 开头的单音节声母听辨错误率统计

声母	韵母	声母听错数	音节总数	错误率（%）	韵母类别
t	e	28	114	24.56	开
t	ai	24	143	16.78	开
t	ao	9	61	14.75	开
t	a	11	78	14.10	开
t	ou	12	95	12.63	开
t	eng	7	60	11.67	开
t	an	12	115	10.43	开
t	ang	7	106	6.60	开
t	iao	9	99	9.09	齐
t	ian	7	92	7.61	齐
t	i	5	106	4.72	齐
t	ing	4	91	4.40	齐
t	ie	4	103	3.88	齐
t	un	5	53	9.43	合
t	ui	9	96	9.38	合
t	uan	4	57	7.02	合
t	u	6	109	5.50	合

续表

声母	韵母	声母听错数	音节总数	错误率（%）	韵母类别
t	ong	7	131	5.34	合
t	uo	2	48	4.17	合
	总计	172	1757	9.79	

从表3可以看到，声母 k 在与开口呼韵母搭配时，听辨的错误率明显低于韵母为合口呼的音节。将 k 的听辨错误率按所搭配韵母的四呼类别分为两组，进行单因素方差分析，结果为：$F = 11.4237$ 大于 $F_{crit} = 4.4513$，$P = 0.003559$ 小于 0.05。可知，两组错误率有显著差异。开口呼组音节声母听辨平均错误率为6.56%，合口呼组为13.23%。由此可见，声母 k 在与合口呼韵母搭配时，更容易听错，与开口呼搭配时，k 的听辨错误率反而较低。这一结果与声母 p、t 的情况明显不同。

表3　以声母 t 开头的单音节声母听辨错误率统计

声母	韵母	声母听错数	音节总数	错误率（%）	韵母类别
k	en	9	86	10.47	开
k	a	5	49	10.20	开
k	ei	3	40	7.50	开
k	e	7	99	7.07	开
k	ai	5	72	6.94	开
k	ao	6	87	6.90	开
k	ou	4	63	6.35	开
k	ang	5	89	5.62	开
k	eng	2	59	3.39	开
k	an	1	81	1.23	开
k	ua	19	90	21.11	合
k	ui	24	122	19.67	合
k	uang	18	108	16.67	合
k	uan	6	41	14.63	合
k	ong	14	96	14.58	合

续表

声母	韵母	声母听错数	音节总数	错误率（%）	韵母类别
k	uo	1	10	10.00	合
k	un	6	64	9.38	合
k	uai	5	57	8.77	合
k	u	4	93	4.30	合
	总计	144	1406	10.24	

从以上三张表可以看出，相同声母与不同韵母的搭配是会影响声母听辨的正确率的，而且，至少在以声母 p、t、k 开头的音节中，韵头的差别与留学生听辨声母的错误率有关。整体来看，声母 p、t 在与开口呼韵母搭配时更容易被听错，而与齐齿呼、合口呼韵母搭配时错误率较低。声母 k 与它们不同，在与合口呼韵母搭配时更容易被听错，而与开口呼韵母搭配时错误率较低。

根据汉语普通话的音系规则，舌根送气塞音 k 不能与齐齿呼韵母搭配，所以我们无法考察它与齐齿呼韵母搭配时被试对它的听辨情况。在现有结果的基础上，我们可以看到，从开口呼到合口呼再到齐齿呼，开口度逐渐变小，而随着韵母开口度的缩小，p、t 两个声母的听辨正确率呈现提高的趋势；与之相反，随着韵母开口度的缩小，声母 k 的听辨正确率呈现下降的趋势。

如前所述，在声母的送气段，我们的口形和发音动作已经在为后面的韵母做准备。所以，声母送气部分虽然声带不振动，但是这段时间内气流噪音的音色应该是会有差别的。这种差别可能提高或者降低声母的听辨清晰度。下面我们以几个代表性的音节为例进行分析。

波形图和语图使用 Praat 语音分析软件生成，语图频率范围为 0 ~ 5 000Hz，时间窗为 0.008s，为了更清晰地观察送气段噪音能量的分布，我们将动态范围收窄至 30dB（下同）。

从 pai 和 pian 两个音节的波形及语图（图 1、图 2）中我们可以看到，两个音节的声母部分，送气段的时长很接近，都在 150ms 左右。比较两者的语图，音节 pai 的声母送气段能量分散，从低频段到高频段都有分布，直观表现为颜色较淡。音节 pian 的声母送气段能量相对集中在中高频段，直观表现为颜色较浓。这种分布在听觉上会使音节 pian 的声母送气段显得更加"锐利"和"集中"，也更加明显，容易被听到。我们认为，造成这个结果的原因是，在音节 pian 的声母除阻之前，口腔各器官已经为齐齿呼韵头做好了准备，除阻后，舌尖向前推动，向着元音［i］的位置前进，口腔内空间收窄，只留一条狭缝供气流呼出，此时气流通过舌尖与上齿之间的窄缝，造成比较尖锐的噪音。而音节 pai 在声母除阻之前，口腔已为韵母 ai 做好了准备，除阻后，下颌打开，舌面向着元音［a］的方向运动，开口度迅速扩大，气流仅在舌根与软腭之间的位置受到干扰，口腔中前部几乎没有阻碍，送气段噪音相对较弱，听觉上不如 pian 的送气段明显。

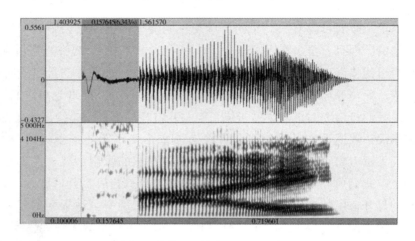

图 1　音节 pai 的波型及语图分析

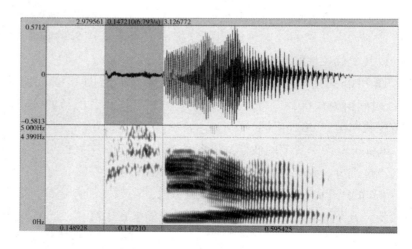

图 2　音节 pian 的波型及语图分析

从 tai 和 tian 两个音节的波形及语图（图 3、图 4）中我们可以看到，两个音节的声母部分，送气段的时长很接近，都在 150ms 左右。比较两者的语图，音节 tai 的声母送气段能量分散，从低频段到高频段都有分布，整体能量较弱，直观表现为颜色较淡。音节 tian 的声母送气段能量相对集中在中高频段，总体能量较强，直观表现为颜色较浓。这种分布在听觉上会使音节 tian 的声母送气段显得更加"锐利"和"集中"，也更加明显，容易被听到。我

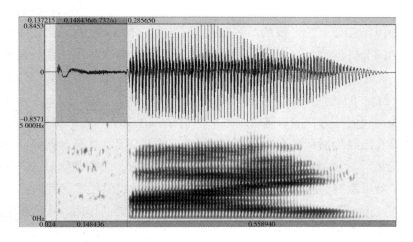

图 3 音节 tai 的波型及语图分析

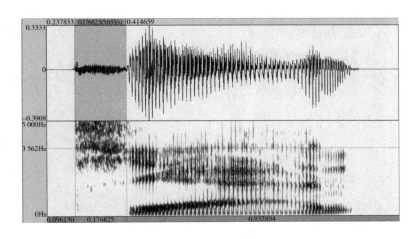

图 4 音节 tian 的波型及语图分析

们认为，造成这个结果的原因与上文 pai 与 pian 两个音节的分析类似，在音节 tian 的声母除阻之前，口腔已经为齐齿呼韵头做好了准备，除阻后，口腔内空间收窄，此时气流通过舌尖与上齿之间的窄缝，造成比较尖锐的噪音。而音节 tai 在声母除阻之前，口腔已经为韵母 ai 做好了准备，除阻后，开口度迅速扩大，气流仅在舌根与软腭之间的位置受到干扰，口腔中前部几乎没有阻碍，送气段噪音相对较弱，听觉上不如 tian 的送气段明显。

从 kao 和 kua 两个音节的波形及语图（图5、图6）中我们可以看到，两个音节的声母部分，送气段的时长很接近，都在150ms 左右。比较两者的语图，在相同分析参数下，音节 kua 的声母送气段能量非常弱，直观表现为颜色很淡，几乎完全看不到。音节 kao 的声母送气段能量分布相对均匀，与上文的 pai 和 tai 的送气段类似。这种差异会使音节 kua 的送气段与 kao 相比非常不明显。我们认为，造成这个结果的原因是，在音节 kua 的声母除阻之前，口腔各器官已经为后面的合口呼韵头做好了准备，嘴唇拢圆，在除阻后，舌面向着元音［u］的位置前进，口腔内形成一条通道，而刚刚除阻的声母 k 是舌根音，除阻后的送气段内，声道的最窄点在舌根成阻位置，此时口腔中前部为元音［u］准备的通道，起到了类似插管式消音器的作用，大大削弱了送气段的噪音。因此，相对于音节 kao 的声母送气段，kua 的声母送气段更不明显。

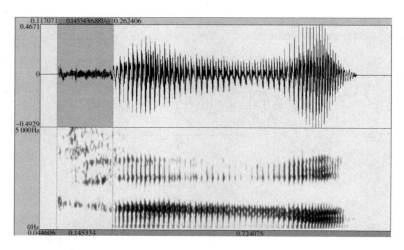

图5　音节 kao 的波型及语图分析

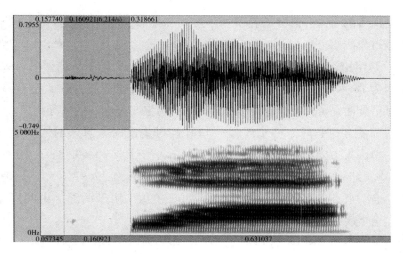

图 6   音节 kua 的波型及语图分析

经过以上分析，我们可以初步得出如下结论：

第一，对于以送气塞音 p、t、k 为声母的音节，汉语学习者听辨声母 p、t、k 的错误率，会受到它所在音节韵母的影响。

第二，声母 p、t 与开口呼韵母拼合时，学习者对其听辨的错误率最高；与合口呼韵母拼合时，错误率次之；与齐齿呼韵母接合时，错误率最低。而声母 k 与合口呼韵母拼合时，学习者对其听辨的错误率较高，与开口呼韵母拼合时，听辨的错误率较低。

第三，造成这种现象的原因，我们认为主要是当搭配不同韵母时，声母与韵头的协同发音过程影响了声母的听辨难度。

四、全部声母分析结果

从以上针对包含声母 p、t、k 的音节的分析可以看出，上文提出的韵头影响声母音色进而影响留学生声母听辨的假设是可以成立的。那么我们就尝试将同样的分析方法推广到所有声母，得出韵头影响声母听辨的总体情况。为节约篇幅，下文不再列出全部错误率数据，只陈述分析结果。

（一）与声母 p、t、k 发音部位相同的不送气塞音 b、d、g

声母 b 可以与开口呼、齐齿呼及合口呼韵母相拼，但其与合口呼韵母相拼时仅有 bu 一个音节，故在方差分析中暂不考虑。在与开口呼韵母搭配时，听辨的错误率低于韵母为齐齿呼的音节。声母 b 与开口呼和齐齿呼搭配时的听辨错误率，经过单因素方差分析，$F = 6.648\,1$ 大于 $F_{crit} = 4.667\,1$，$P = 0.022\,926$ 小于 0.05，两组错误率有显著差异。开口呼组音节声母听辨平均错误率为 9.40%，齐齿呼组为 18.40%。由此可见，声母 b 在与齐齿呼韵母搭配时，更容易听错，与开口呼搭配时，b 的听辨错误率较低。这一结果与声母 p 的情况相反。

声母 d 在与开口呼、齐齿呼及合口呼韵母搭配时，听辨的错误率没有显著差异。单因素方差分析结果为：$F = 2.591\,6$ 小于 $F_{crit} = 3.492\,8$，$P = 0.099\,808$ 大于 0.05。开口呼组音节声母听辨平均错误率为 12.97%，齐齿呼组为 9.00%，合口呼组 8.24%。差别确实不如前述几个声母明显。由此可见，声母 d 在与各类韵母搭配时，听错的概率比较接近。

声母 g 在与开口呼及合口呼韵母搭配时，听辨的错误率没有显著差异。单因素方差分析结果为：$F = 0.219\,2$ 小于 $F_{crit} = 4.451\,3$，$P = 0.645\,539$ 远大于 0.05。开口呼组音节声母听辨平均错误率为 5.20%，合口呼组为 4.42%，组间水平差别确实不大，而且整体上错误率较低。由此可见，声母 g 在与各类韵母搭配时，听错的概率比较接近，并且学生比较容易准确听辨。

（二）舌面声母 j、q、x

声母 j 在与撮口呼韵母搭配时，听辨的错误率明显高于韵母为齐齿呼的音节。对声母 j 与撮口呼和齐齿呼搭配时的听辨错误率进行单因素方差分析，结果为：$F = 28.802\,6$ 大于 $F_{crit} = 4.747\,2$，$P = 0.000\,169$ 远小于 0.05。可知，两组错误率有显著差异。撮口呼组音节声母听辨平均错误率为 29.94%，齐齿呼组为 13.92%。由此可见，声母 j 在与撮口呼韵母搭配时，更容易听错。

声母 q 在与撮口呼韵母搭配时，听辨的错误率明显高于韵母为齐齿呼的音节。对声母 q 与撮口呼和齐齿呼搭配时的听辨错误率进行单因素方差分析，结果为：$F = 8.626\,8$ 大于 $F_{crit} = 4.747\,2$，$P = 0.012\,43$ 小于 0.05。可知，两组错误率有显著差异。撮口呼组音节声母听辨平均错误率为 40.98%，齐齿呼组为 26.59%。由此可见，声母 q 在与撮口呼韵母搭配时，更容易听错，而且整体错误率较高。

声母 x 在与撮口呼韵母搭配时，听辨的错误率明显高于韵母为齐齿呼的音节。对声母 x 与撮口呼和齐齿呼搭配时的听辨错误率进行单因素方差分析，结果为：$F = 10.360\,6$ 大于 $F_{crit} = 4.747\,2$，$P = 0.007\,371$ 小于 0.05。可知，两组错误率有显著差异。撮口呼组音节声母听辨平均错误率为 26.79%，齐齿呼组为

12.53%。由此可见，声母 x 在与撮口呼韵母搭配时，更容易听错。

（三）舌尖后声母 zh、ch、sh、r

声母 zh 在与开口呼及合口呼韵母搭配时，听辨的错误率没有显著差异。单因素方差分析结果为：$F = 2.500\ 7$ 小于 $F_{crit} = 4.451\ 3$，$P = 0.132\ 215$ 大于 0.05。开口呼组音节声母听辨平均错误率为 33.66%，合口呼组为 41.93%，组间水平差别不大，但整体上错误率很高。由此可见，声母 zh 在与各类韵母搭配时，都比较容易听错。

声母 ch 在与开口呼韵母搭配时，听辨的错误率低于韵母为合口呼的音节。对声母 ch 与开口呼和合口呼搭配时的听辨错误率进行单因素方差分析，结果为：$F = 5.810\ 0$ 大于 $F_{crit} = 4.493\ 9$，$P = 0.028\ 326$ 小于 0.05。可知，两组错误率有显著差异。开口呼组音节声母听辨平均错误率为 21.68%，合口呼组为 29.39%。由此可见，声母 ch 在与合口呼韵母搭配时，更容易听错，与开口呼搭配时，听辨错误率较低。

声母 sh 在与开口呼及合口呼韵母搭配时，听辨的错误率没有显著差异。单因素方差分析结果为：$F = 0.184\ 9$ 小于 $F_{crit} = 4.451\ 3$，$P = 0.672\ 54$ 大于 0.05。开口呼组音节声母听辨平均错误率为 15.61%，合口呼组为 16.96%，组间水平差别不大，且整体上错误率不算高。由此可见，声母 sh 在与各类韵母搭配时，都不太容易听错。

声母 r 在与开口呼韵母搭配时，听辨的错误率低于韵母为合口呼的音节。对声母 r 与开口呼和合口呼搭配时的听辨错误率进行单因素方差分析，结果为：$F = 13.685\ 5$ 大于 $F_{crit} = 4.747\ 2$，$P = 0.003\ 039$ 小于 0.05。可知，两组错误率有显著差异。开口呼组音节声母听辨平均错误率为 14.22%，合口呼组为 31.52%。由此可见，声母 r 在与合口呼韵母搭配时，更容易听错，与开口呼搭配时，听辨错误率较低。

（四）舌尖前声母 z、c、s

声母 z 在与开口呼及合口呼韵母搭配时，听辨的错误率没有显著差异。单因素方差分析结果为：$F = 1.893\ 2$ 小于 $F_{crit} = 4.543\ 0$，$P = 0.189\ 031$ 大于 0.05。开口呼组音节声母听辨平均错误率为 24.07%，合口呼组为 30.28%，组间水平差别不大，整体上错误率偏高。由此可见，声母 z 在与各类韵母搭配时，都比较容易听错。

声母 c 在与开口呼及合口呼韵母搭配时，听辨的错误率没有显著差异。

单因素方差分析结果为：$F = 2.434\,9$ 小于 $F_{crit} = 4.543\,0$，$P = 0.139\,504$ 大于 0.05。开口呼组音节声母听辨平均错误率为 27.04%，合口呼组为 33.84%，组间水平差别不大，整体上错误率偏高，与声母 z 接近。由此可见，声母 c 在与各类韵母搭配时，都比较容易听错。

声母 s 在与开口呼及合口呼韵母搭配时，听辨的错误率没有显著差异。单因素方差分析结果为：$F = 0.112\,4$ 小于 $F_{crit} = 4.543\,0$，$P = 0.742\,072$ 远大于 0.05。开口呼组音节声母听辨平均错误率为 19.53%，合口呼组为 17.73%，组间水平差别不大。由此可见，声母 s 在与各类韵母搭配时，听错的机率比较接近。

（五）鼻音 m、n 和边音 l

声母 m 可以与开口呼、齐齿呼及合口呼韵母相拼，但其与合口呼韵母相拼时仅有 mu 一个音节，并且错误率较低（3.57%），故在方差分析中暂不考虑。在其与开口呼及齐齿呼韵母搭配时，听辨的错误率没有显著差异。单因素方差分析结果为：$F = 1.026\,0$ 小于 $F_{crit} = 4.543\,0$，$P = 0.327\,416$ 大于 0.05。开口呼组音节声母听辨平均错误率为 2.49%，齐齿呼组为 4.15%，组间水平差别不大，整体上错误率很低。由此可见，声母 m 在与各类韵母搭配时，都比较容易把握。

声母 n 与开口呼、齐齿呼、合口呼和撮口呼韵母都可以拼合，单因素方差分析结果为：$F = 2.902\,1$ 小于 $F_{crit} = 3.098\,4$，$P = 0.060\,201$ 稍大于 0.05。虽然没有达到有显著差异的水平，但非常接近，说明它与各类韵母组合时，听辨的错误率有出现差异的倾向。开口呼组音节声母听辨平均错误率为 2.17%，齐齿呼组为 7.84%，合口呼组为 9.98%，撮口呼组为 1.79%。组间水平有一定差别，齐齿呼与合口呼组更容易听错，整体上错误率较低。由此可见，声母 n 在与各类韵母搭配时，都比较容易把握。

声母 l 的情况与 n 类似，与开口呼、齐齿呼、合口呼和撮口呼韵母都可以拼合。然而与 n 不同的是，单因素方差分析显示，l 与各类韵母组合时，听辨的错误率有显著差异。$F = 15.172\,4$ 大于 $F_{crit} = 3.072\,5$，$P = 0.000\,017$ 远小于 0.05。开口呼组音节声母听辨平均错误率为 6.07%，齐齿呼组为 2.68%，合口呼组为 15.95%，撮口呼组为 6.03%。组间水平有一定差别，主要体现在与合口呼韵母相拼时听辨错误率明显高于其他三组。由此可见，声母 l 在与合口呼韵母搭配时，比较容易听错。

（六）双唇和舌根清擦音 f、h

除了音节 fu 之外，声母 f 只能与开口呼韵母相拼。开口呼组音节声母听辨平均错误率为 6.86%，合口呼组为 10.48%，$P = 0.625\ 474$ 大于 0.05。由此可知，组间没有显著差异。

声母 h 在与开口呼及合口呼韵母搭配时，听辨的错误率没有显著差异。单因素方差分析结果为：$F = 0.007\ 4$ 小于 $F_{crit} = 4.451\ 3$，$P = 0.932\ 465$ 远大于 0.05。开口呼组音节声母听辨平均错误率为 6.21%，合口呼组为 6.10%，组间水平差别很小，而且整体错误率较低。由此可见，声母 h 在与各类韵母搭配时，都比较容易听辨。

五、总结

汇总以上分析结果，我们首先可以得到所有声母在单音节听辨中的总错误率，如表 4 所示（按听辨错误率降序排列）。

表 4　各声母在单音节听辨中总错误率（降序）

序号	声母	听辨错误率（%）	序号	声母	听辨错误率（%）
1	zh	35.92	12	d	10.97
2	c	31.05	13	k	10.24
3	q	30.61	14	p	9.94
4	z	25.69	15	t	9.79
5	ch	24.54	16	f	6.46
6	j	20.27	17	l	6.36
7	r	20.00	18	h	6.03
8	x	18.46	19	g	5.61
9	s	17.69	20	n	4.68
10	sh	16.47	21	m	3.21
11	b	11.84			

从表 4 中我们可以看出，在 21 个声母当中，听辨错误率在前十位的，正好是汉语语音教学中的"老大难"声母 j、q、x、zh、ch、sh、z、c、s、r，排在后面的声母 b、d、g、p、t、k、l、m、n、f、h 是许多语言共有的辅音，学生比较熟悉，相对好掌握。由此可见，我们的数据统计结果与教学经验是一致的。

以上排序可以作为零起点留学生单音节声母听辨的难度排序表，供教学参考。

各声母与不同类别的韵母搭配时听辨错误率的差异情况汇总如表5所示。

表5　各声母与不同类别韵母搭配时听辨错误率差异情况汇总*

	总错误率排序	开口呼	齐齿呼	合口呼	撮口呼（％）
zh	1	无差异	—	无差异	—
c	2	无差异	—	无差异	—
z	4	无差异	—	无差异	—
s	9	无差异	—	无差异	—
sh	10	无差异	—	无差异	—
d	12	无差异	无差异	无差异	—
f	16	无差异	—	无差异	—
h	18	无差异	—	无差异	—
g	19	无差异	—	无差异	—
m	21	无差异	无差异	孤例	—
n	20	无差异**	无差异**	无差异**	无差异**
l	17	不易错	不易错	易错	不易错
b	11	不易错	易错	孤例	—
ch	5	不易错	—	易错	—
r	7	不易错	—	易错	—
k	13	不易错	—	易错	—
p	14	易错	不易错	孤例	—
t	15	易错	不易错	不易错	—
q	3	—	不易错	—	易错
j	6	—	不易错	—	易错
x	8	—	不易错	—	易错

　　*声母排序按照声母与不同韵母拼合时组间听辨错误率有无差异排列，声母之间不作横向比较，表内"易错"与"不易错"均指以该声母开头的音节之间的相对关系；"孤例"指该声母与该类韵母相拼的音节仅有一种，难以评价是否易听错；"无差异"指该声母与不同类别韵母拼合后在声母听辨方面学生的错误率差异不大。

　　**根据方差分析的结果，n与四类韵母拼合时学生的听辨错误率没有达到显著差异的水平，但是有出现显著差异的倾向。

由表5我们可以进一步得出以下结论：

第一，每个声母总体听辨错误率的高低与它和不同类型韵母搭配时的听辨错误率差异情况关系不大。总体听辨错误率低的声母，如 p、t、l、b 等，在与不同类型韵母拼合时，听辨错误率仍然会有差异。

第二，从统计分析的结果看，声母听辨明确会受韵母类型影响的声母共有十个：l、b、ch、r、p、t、k、j、q、x。其中，j、q、x、ch、r 同时也是听辨总错误率排在前十名之内的声母。也就是说，这五个声母非常易听错，而且听辨结果会受韵母类型的影响，分布不均匀。

第三，可以和齐齿呼或撮口呼韵母相拼的声母，多数（除 m、n、d 外）听辨错误率会受不同类别韵母的影响出现显著差异。

第四，只能和开口呼及合口呼韵母相拼的声母，多数（除 ch、r、k 外）声母听辨的错误率基本不受不同类别韵母的影响。

基于上述结论，我们认为，在单音节听辨的情形下，有大约一半的声母听辨确实会受到不同类型的韵母的影响，具体影响情况对于不同声母也有所不同。参照表5，我们可以进一步明确哪些声韵组合在听辨中更容易掌握，哪些更容易听错，从而更加有针对性地加强练习。

目前，虽然我们的听写数据总量已经超过 80 000 音节次，但是分摊到 1 000 余个合法的汉语普通话音节上，每类音节出现的次数还不够多。另外，由于随机分布并不意味着均匀分布，所以每次拼音听写由电脑程序随机抽取安排音节，在数据总量不太大时，很难做到均匀。再加上另外一些偶然因素的干扰，关于学习者对某些类别音节的听辨情况以及音节各组成要素对学习者听辨的影响，尚有许多可能的规律目前我们尚不清楚。待听辨测试进一步增加，数据更加充足之后，数据能够揭示的现象必然更加丰富。学习者听辨过程中声韵调更多的交互作用尚待进一步研究。

参考文献：

李云靖 . 音节发音的时间结构［M］. 天津：天津大学出版社，2012.

3　对外汉语初级阶段汉语文化因素的习得

覃俏丽

摘要： 汉语文化因素与语音、词汇、语法等一样，影响制约着汉语的运用，但它没有独立的物理形式、形态标志，以及独立的、可自由运用的单位，而是依附于汉语的各语言要素中，具有隐含性和依附性。本文对文化因素及对外汉语初级阶段的文化因素做了分析，指出留学生对文化因素习得的特点和进程，为初级阶段的汉语语言教学、文化教学提供教学策略。

关键词： 对外汉语　初级阶段　文化因素　习得

一、文化因素及对外汉语初级阶段的文化因素

语言与文化息息相关，语言是文化的载体，它记录和传承着文化，又是文化的一部分，一个民族的语言可以反映该民族的人们的思想观念、价值观、思维方式和生活方式等。同样，汉民族的思想观念、价值观念、思维方式等文化因素也是深深蕴含在汉语之中的。

在对外汉语教学中，文化教学有两种形式，一种是知识文化的教学，一种是文化因素的教学，其中，文化因素是隐含在语言系统中的，反映一个民族的价值观念、生活方式、思维方式、道德标准、风俗习惯、审美情趣等，对语言交际起规约作用的文化，它"主要体现在语言的词汇系统、语法系统和语用系统之中"（吕必松，1992）。文化因素与语音、语法、词汇一样，影响语言的存在，制约着语言的运用，是语言中不可或缺的重要因素之一，文化因素的教学要在语言教学的范围内进行。

张公瑾（1998：214–219）认为，语言的普遍特征可以划分为三个层级：在体现其本质特征的第一层级中，语言是一种文化现象，是文化总体中的一

作者简介：覃俏丽，广西柳州市人，首都经济贸易大学讲师，研究方向为对外汉语教学。

个特殊组成部分；在体现其结构特征的第二层级中，一切语言都存在语音、语法和词汇这样三大要素；第三层级是变化中的特征，或叫游动特征，即语言本身将随着社会的发展和社会生活的丰富而不断发展。语言的层级性具有不同的层面，故其所承载的文化因素也具有层级性，对不同层级文化因素的习得与学习者的语言水平是有关联的。将处于不同阶段的学习者的语言水平与不同层级的语言与文化相比照，可以看出，初级阶段的学习者主要习得语音，与物质文化层相互对应；中级阶段学习者主要习得语法与制度文化；高级阶段学习者主要习得语义，与精神文化层相互对应。初级阶段学习者一般学习汉语半年或一年，他们能学会用汉语进行基本交际，但还会受到文化冲击和母语文化干扰，可以说这个阶段是他们掌握语言和文化的关键时期，良好的文化习得有助于他们的文化适应。

由于目前还没有统一的文化大纲，文化因素在各教学阶段的定性定量也没有统一标准，教学上也没有统一指导，文化因素的教学相对于丰富的理论研究，在教学实践和教材编写上缺乏一定的系统性，研究初级阶段的学习者对文化因素的习得，首先可考察所学教材中呈现的文化因素。初级阶段的语言中的文化因素大都隐藏在各种零散而细小的语言点中，分析其中出现的文化因素，讨论初级阶段文化因素教学及习得的问题，可更科学有效地帮助学生学习该阶段的语言和文化，提高其跨文化交际能力。

在初级阶段的教材中，分布在语言材料中的文化因素主要有以下各项：①日常交际，包括问候与道别，道谢与道歉，敬语与谦辞，褒奖与辞让，宴请与送礼等；②社会家庭，包括姓名、称谓（亲属称谓、社会称谓）等；③风俗习惯，如节日、婚礼等；④饮食，如中国菜、中国茶、中国酒等；⑤风景名胜，如各地风光、名胜古迹等；⑥民族心理、观念和性格，如尊老、辩证思想、重和谐的观念，崇尚与禁忌，颜色的象征意义等；⑦科技与艺术，如中药、太极拳、京剧、相声、中国画、书法、对联、中国音乐、建筑、古诗、成语故事等；⑧历代名人，包括政治、文学、艺术等各方面名人；⑨社会现象和社会概况。这些文化因素散布在每篇课文或注释、练习、配图中。例如，在《汉语教程》一书中，课文《墙上贴着红双喜字》（第二册上第10课），反映的就是中国的婚俗，学生除了了解到一般中国人的婚礼情况之外，还学到了中国人问"什么时候吃你的喜糖啊"的意思是"你什么时候结婚"这样的交际文化；从课文《我们把松竹梅叫作"岁寒三友"》（第二册下第19

课）中，学生可以了解到中国人对坚强高洁品格赞美和喜爱的民族性格；从课文《吉利的数字》（第二册下第20课）中，学生了解到中国人崇尚与禁忌的民族心理……可见，在语言教学中，处处隐含着各种文化因素，语言的学习过程也是对汉文化因素的习得过程。

在汉语中，汉字、词汇等语言形式，以及句法和语用等使用方式都体现出中国人独特的文化思维特征。以中西方文化思维特征为例，申小龙在《中国文化语言学》一书中阐述了中西文化思维方式的特点，他提出中国人强调整体思维，即以大观小的综合认识，西方文化强调分析思维，从分析的角度观察现实；中国人强调辩证思维，人与万物相互对立又相互渗透，西方文化则强调非此即彼，是二项式形式逻辑；中国人的语言思维是具象思维，西方人则是抽象思维或逻辑思维。这个观点大致概括了中西方不同的思维特征。以此来考察汉语和西方语言文化，不难看出二者的文化差异所在。

汉字从创立之初到现在一直是表意文字，是平面文字，从象形字、指事字、会意字到形声字，无不体现出中国文化具象思维的特点。象形字是基础，指事字是在象形的基础上加上标记来指事，会意字则体现出形象的复合，形声字是在象形符号的基础上增加声旁形成和扩展的。可以说，认知汉字由图像识别开始，再发展到字义的认知阶段。而西方文字是音素文字、线性文字，体现出西方文化抽象思维的特点，其认知是从形到音再到义。

作为语言基本要素的词汇最能反映文化的差异。从造词心理看，汉语重形象比喻，如矛盾、龙飞凤舞、泪汪汪等都有形象、质感、动感，带有主观体验性，西方词语则更重本质特征。从词语构成看，汉语词语体现出从整体到局部的思维，如"树干、树枝、树梢"都从"树"的整体意义开始，西方文字则分别用不同的符号来表示；汉语词语体现出对立统一、虚实相应、亦此亦彼的辩证思维，如"甘苦、迟早"是用含义对立的语素组合表意，"贷款"可指"借入"或"借出"等，西方文字如英语就必须把"borrow"和"lend"区分开来，体现出严谨的机械二分思维。从词语含义来看，特别应该区分两种词语，一是中西词语中指示意义相同，但联想意义不同的词语，如颜色词"白色"，在中国象征恐怖和死亡，在西方则象征纯洁和天真；二是指示意义相同，联想意义部分相同的词汇，如"玫瑰"在中西方文化中都象征着爱情，不过其在中西方文化中还各有所指，在中国，人们常用"带刺的玫瑰"来形容漂亮但不好接近的姑娘，在西方，玫瑰也是秘密和沉默的象征。

当然，中西词汇中各自特有的词语，或指示意义相同，或一种语言有联想意义而另一种语言却没有联想意义的词语。

句法系统的不同特点往往揭示了不同民族的不同思维方式。根据吕叔湘先生的说法，汉语是缺乏严格意义的形态变化的无标记语言，英语及其他印欧语系的语言形态丰富，是有标记的语言。中国人综合思维比较发达，重整体，强调意合，汉语各种语义关系往往靠语序和上下文来表现，因此，汉语中的流水句和省略形式很多，还有相当一部分没有形式标记的被动句，分句之间也不像很多西方语言那样有很多连词。而西方人重个体的独立性，分析思维较发达，重形合。在语言上，是通过词形变化来表示不同的词义和语义关系，如英语中可以省略的成分是有限的，表达被动意义都要用被动语态，分句之间的关系要用连词来表示等。

文化间的差异更多地表现在语用上，如汉文化对长幼、亲疏、尊卑的关系区别明显，如称谓语，对长辈、上级往往不能直呼其名，而西方文化中没有这样严格的区分；中国人受儒家文化的影响，性格内敛、含蓄，喜欢采取循环式的沟通模式，西方人则直白直接，采取的是流线型的沟通模式，如接受邀请，出于礼貌，中国人一般不直接爽快地接受或拒绝，常会说"再说吧！""我尽量来！"等话语，西方人则会当场明确表示接受或拒绝。可以说，中西方在言语行为、非言语行为以及交往规则等方面都存在着文化差异。

二、留学生对文化因素的习得

第二语言学习的最终目标是获取跨文化交际能力，而"跨文化交际的根本特征是如何发现、认识和对待不同文化之间的差异"（刘珣，2000：124）。人们在跨文化交际过程中，只有了解双方的文化差异，克服母语文化的思维定势和文化偏见，采取适当的语言和交际策略，才能实现母语和目的语两种语言之间的良性互动，顺利地进行跨文化交际。可以说，文化的习得一直贯穿于语言的习得过程中，语言习得的过程，也是文化习得的过程，学习者要了解和适应目的语言所表达的世界观、价值观、思维模式、宗教信仰、风俗习惯、交际系统等文化内容。例如，汉语学习者学了"这个除夕连饺子也吃不上"这样一句话，在学了词语"除夕""饺子"，语言点"连……也……"后，还应知道中国人，特别是北方人除夕夜吃饺子的习俗，无论生活怎样都要吃上一顿饺子，如果连饺子都吃不上，就说明生活已经困苦到极点了。只有明白了这一点，才能真正理解这句话的含义。可见，汉语学习者不仅要习得汉语的语言表达形式及其蕴含的相关文化知识，还要通过与汉语社会人们的语言、非语言交际及对种种文化现象的感知，习得汉文化社会中人们种种文化行为背后的文化意蕴，有表层文化，也有深层文化。

文化因素习得的过程与语言习得不同。由于文化因素习得一方面与语言习得相关，另一方面又有超语言的特性，文化因素中文化项目的习得顺序、方式、特点等都有别于语言的习得顺序、方式、特点。文化因素习得的内容具有层次性，有表层文化和深层文化，习得难度也不同，对不同层次文化的习得方式、过程都不尽相同。同时，学习者在习得第二文化的过程中，由于文化对第二文化的情感过滤程度不同，所以其对文化因素的习得会有不同程度的影响，从而使其语言习得和文化因素习得的结果不一定同步。例如，中国人喜欢使用"吃饭了吗？""去哪儿啊？"等打招呼用语，前者一般是在饭点前后遇见时所说，后者则是路上遇见时多用，词语和句子都很简单易学，但初学者会觉得中国人好打探别人隐私。其实，这样的打招呼用语并不要求对方做出明确回答，其蕴含的文化因素是中国人际关系中的互相关心、和睦相处，学习者对这种文化心理的接受和使用需要一定时间。

在文化因素习得的过程中，除了习得的内容、层次、难度等因素外，还有一些因素也会影响学习者的习得进程。首先，由于受母语文化系统的影响，学习者在习得汉文化时会有母语文化的迁移，其习得过程也是一个认知重新建构、情感重新调适的过程。例如，中国人临别时常说："有时间去我家玩儿吧。"不少学习者可能就会接着问："什么时候去？"其实，这只是中国人常用的寒暄套语，地道的回答一般是："好啊，改天一定去。"这种隐藏在简单语句背后的交际文化需要学习者有认知调整的习得过程。其次，学习者的习得受自身学习汉语和汉文化的动机、态度、情感等个人因素的影响，学习者对汉文化的情感过滤程度不同，其对文化因素习得影响的程度也不同。此外，学习者的文化因素习得还受所处文化环境的影响，他们的学习、生活及社会活动环境都会影响他们对文化因素的习得。

三、促进初级阶段文化因素习得的教学策略

（一）教学活动、教学手段多样化

教学中可利用现代化的教学设施和手段，如照片、多媒体、电影、电视、

幻灯、录像以及网络资源等，向学习者展示中国社会生活，将汉语母语使用者的语音、语调及交际策略直观地呈现在学习者面前，加强学习者对汉语文化的理解，习得语用规则，实现得体的交际。在教学中适时采用比较法、情景教学法、直观教学法等灵活多样的教学方式，如可举办演讲和辩论赛，制作短剧和小品等，就其中涉及的文化背景内容进行随时随地解说，指明其文化意义及文化使用规范，鼓励学生尽量根据言语交际的环境来正确使用语言。

（二）了解文化差异，注重文化对比

对外汉语教学的课堂是中外语言文化接触和碰撞的场所，在这里，不同国家的语言文化差异会同时呈现，认识到母语文化和目的语文化之间的差异是参与文化交流和培养跨文化意识的前提。对比分析是跨文化交际教学和研究的基本方法，教师在教学中不仅要尽量全面地讲授汉语言文化，还要有意识地将其与学习者母语文化作对比，加大文化比较的信息量，克服学习者的文化定式，摒弃文化偏见，使学习者形成客观的跨文化意识。

（三）多途径把握文化的传承性和时代性

文化具有历史的继承性，而且随着时代的发展和变化，新的语言现象、文化现象也在不断产生。教师必须引导学生去了解、探究这些新的文化知识。教师可使用现代各种视听媒体，利用互联网络信息量大、时代性强的优势，引导学习者，了解和掌握丰富的文化知识，并借助这一过程增强学习者的文化交流意识，培养他们主动获取文化信息的能力。另外，还要重视课外阅读，增加文化积累。课外阅读既是课堂内容的延伸，又是扩大知识面的必要途径。教师在指导阅读时需要注意文章体裁的多样性，题材的广泛性，突出实用性与时代性、趣味性，让学习者了解当前社会动态和社会问题，扩充文化背景知识。

（四）注重隐性课程开发

中国文化常常对汉语言学习者产生潜移默化的影响，中国特有的风俗习惯、历史文化对他们都充满了吸引力。除专门开设的显性文化课程外，在教材及相关阅读物、影像资料、课堂环境的布置及课外活动中还存在着隐性课程，教师应加强课外跨文化交际训练，带领学生利用一切可以利用的社会资源尝试进行各种实践活动，鼓励学生走出校园，在真实的语言环境中交际，切身体验中外文化差异，培养跨文化意识。例如，让学习者选学各种中华才艺，组织参加表演、传统体育项目比赛等相关文化活动，参观名胜古迹、博物馆或采风；举办文化名家讲座，等等。总之，教师应充分利用文化资源，引导学习者在学习和生活中感受中国文化的魅力，丰富他们的学习和生活，多方面促进他们的文化习得。

参考文献：

［1］许力生，吴丽萍．关于外语教学中文化习得问题的反思［J］．中国外语，2006（4）．

［2］申小龙．汉语与中国文化［M］．上海：复旦大学出版社，2008．

［3］王斌华．"第二文化习得"理论与跨文化的外语教学观［J］．山东外语教学，2006（6）．

［4］毕继万．跨文化交际与第二语言教学［M］．北京：北京语言大学出版社，2009．

［5］陈光磊．关于对外汉语课中的文化因素［J］．语言文字应用，1997（1）．

［6］陈申．语言文化教学策略研究［M］．北京：北京语言文化大学出版社，2001．

4　对外汉语教学语法的分级排序综述①

崔淑燕

摘要：对外汉语教学语法的分级排序为教学的总体设计、教材编写、课堂教学及语言测试提供总目标；为合理安排教学阶段及语言技能训练的顺序提供科学依据，是实现教学科学化、规范化的基础工程之一。本文梳理了国内对外汉语语法分级排序的研究并进行总结评述，以期为对外汉语教学语法的分级排序提供参考。

关键词：对外汉语教学语法　分级　排序

语法的分级是将语法等级化，它包括两个层次：一是将整个语法系统横向地划分为初、中、高级三个阶段；一是将某一个语法项目做纵向层次性划分，即将某一个语法项目按不同层级分布于初、中、高级三个阶段。排序就是将语法项目在各等级中顺序排列。语法分级排序在对外汉语教学中具有极其重要的作用，它"为教学的总体设计、教材编写、课堂教学及语言测试提供总目标；为合理安排教学阶段及语言技能训练的顺序提供科学依据；是实现教学科学化、规范化的基础工程之一"②。本文将梳理国内语法分级排序研究并进行总结评述，以期为对外汉语教学语法的分级排序提供参考。

一、语法分级排序的发端

1958 年出版的对外汉语教材《汉语教科书》被公认为最早对对外汉语教学语法进行排序的发端之作。该书"语法"部分包括 60 课、170 条语法解释点。该书在语法点的切分和编排方面有以下几项原则：①按照循序性原则，

作者简介：崔淑燕（1977 年生），首都经济贸易大学讲师，研究方向：对外汉语教学及二语习得。
①　本研究得到教育部人文社会科学基金项目（项目编号：13YJC740013）的资助。
②　吕文华. 对外汉语教学语法探索［M］. 北京：语文出版社，1994.

使语法点和词汇、课文的难易程度相配合，做到逐步地由浅入深；②按照量力性原则，适当调配和控制每课语法点的数量和难度，使之适应学生的接受能力；③按照巩固性原则，对某些同类语法点（如数词、补语、否定及提问方式）做分层次的环形（即圆周式）编排；④按照针对性原则，突出汉语不同于其他语种的某些特点，并有计划地插入外国人特别需要的一些语言点；⑤按照科学性原则，使语法点的文字解释尽量明晰、准确，使各点的出现顺序尽量顺应其内在联系（如先出"了"，后出"是……的"强调句，先出结果补语后出可能补语，先出补语、情貌、动量等再出"把"字句，等等）；⑥按照系统性原则，每隔 5 课对学过的语法点做一次总结归纳，书后附总的语法复习提纲，以弥补语法点支离、分散的缺陷；⑦按照实用性原则，使各课语法点的搭配便于组成上口应用的语言材料（如量词和简单数词、肯定式、否定式、疑问式编排在一起等），便于编入一定情景的对话和短文。

第一个明确对汉语语法进行分级的是 1996 年出版的《汉语水平等级标准和等级大纲》，将语法分为甲乙丙丁四个等级。根据连续继承原则、纳新发展原则、分级定位原则、循环递进原则、系统协调原则和综合过渡原则等六条原则进行多方面多层次的考察、统计和比较筛选。最后给以"过渡性"分级和定位。大纲由语素、词类、词组、句子和句群构成。"甲级语法是基础语法，本身是一个比较完整的体系。……乙、丙、丁级语法是甲级语法的补充。甲级语法没有列全的项目，在这几级中继续列出。……乙、丙、丁级语法也是甲级语法的深化和扩展。有些语法项目在甲级语法中虽然已经出现，但只给了较易掌握的部分，其他在乙、丙、丁级中继续出现。"① 甲级共有 129 项，乙级共有 123 项，丙级和丁级分别为 400 点和 516 点。

《高等学校外国留学生汉语教学大纲：长期进修》附录中的《语法项目表》也将语法项目进行了明确的分级和排序，包括四部分：初级阶段语法项目（一）、初级阶段语法项目（二）、中等阶段语法项目、高等阶段语法项目。制定语法项目表的原则是：科学性、层次性、循环性、实用性和简明性。初等阶段语法项目表分为两个部分，第一部分共 100 项，第二部分共 85 项，两个部分在纲目名称上有重合，在程度上有难易之分。中等阶段语法项目共 83 项，高等阶段语法项目共 108 项。每个阶段都有语素、词类、短语、句式、

---

① 贾甫田．语法等级大纲（试行）对几个关系的处理［J］．世界汉语教学，1989（1）．

复句的内容。

二、语法分级排序的集中讨论：语法分级排序的原则研究

继《汉语水平等级标准和等级大纲》之后，对语法项目分级进行讨论较多的是吕文华（1995，2002）。她将语法分级分为两个层次，并提出分级的角度。她指出：将语法教学内容按教学阶段划分等级，是语法分级的第一层次；将初级、中级、高级三个教学阶段分为三个循环周期，逐层递进、逐层深化，是语法分级的第二层次。而实现后者的关键，是语法项目的分级。她进一步指出语法项目分级的角度：结构的角度（由基本式到扩展式、从有标志到无标志）、语义的角度（从具体义到抽象义、从基本义到引申义、从常规搭配到特殊搭配、从一般义到文化背景义）、用法的角度（从一般用法到活用法、从常用到非常用、从基本用法到辨析同义句）等六个角度。她后来在《对外汉语教材语法项目排序的原则及策略》一文中又谈到对外汉语教材中语法项目的编排受到多种因素的制约：总体设计、教学法理论、认知规律、语言自身规律、语言习得规律。语言自身规律是制约语言点排序的最直接、最根本的因素。认知规律是编排语法项目的根本性原则。在学习活动中应遵循循序渐进的认知规律，首先要确定语法项目的排序。语法项目的顺序包括结构序、语义序、用法序三种。语法项目的编排策略主要体现在量的控制和难点的处理上。吕文华主要从语法项目的句法、语义和语用三个角度讨论语法的分级排序问题。

杨寄洲（2000）参照《汉语教科书》，按照语法项目结构的简繁和程度的难易把助词"了"（即语气助词"了"和动态助词"了"）作为分界线，将初级阶段教学语法项目分成两部分，我们称之为"了"前语法项目和"了"后语法项目。然后将每一部分包含的语法项目顺序列出。但其对复杂语法点的内部未做分类排序。

杨德峰（2001）针对教材编写语法点指出，"在按《大纲》确定以及编排语法点时应该遵循以下原则：针对性原则、适度原则、循序渐进原则、分散原则、点面结合原则、量少原则"。

卢福波（2003，2004）认为，对外汉语教学语法的具体项目不一定要划出一个规定范围和排出一个教学序列来，但是可以做出层级的界定与项目顺序的排列。她指出："循序渐进原则、复式递升原则、距离适度原则，在层级界定和项目排序时应该是不可或缺的。"

周小兵（2003、2004）提出，对外汉语语法项目的选取必须考虑使用频率、交际需求，体现汉语总体特征、学习难度。语法项目的排序要遵循五项原则：①由易到难；②从交际出发；③参照使用频率；④相关语法点组成序列；⑤复杂语法点分阶段教学（李英、邓小宁，2005）。他将语言难度分为四类：语言差异难度、语言发展难度（目的语规则泛化）、语言认知难度（语言的自然度）、理解性偏误和回避的出现频率及延续时间。

唐曙霞（2004）从语言的难易程度、使用频率和习得顺序等方面探讨了语法项目分级和排序的评估标准，结论是："运用这些尺度，能够在一定程度上解决问题，却仍然无法得到绝对答案。……汉语教学语法体系的分级、排序问题固然可以继续讨论，但是学术界应该将更多的关注投放在语法项目的解释、说明方面。"

本阶段研究者多在宏观上探讨语法分级排序的原则或标准，研究中提及的原则有语言难度、使用频率、语言习得规律、交际需要、认知规律等，其中被提及最多的是语言难度。然而语言难度的测定也是一个尚未解决的问题，目前既有根据语言差异制定的难度等级框架，也有标记理论下的根据有无标记进行的难度划分，还有其他的测定标准，在此不一一列举了。而且对不同语言类型的学习者来说，各语法项目的难度理应存在一定的差异，那么语法分级是否应该按国别或者按学习者的语言类型来分别进行？

在运用使用频率原则时会遇到两种困境：一种是要参照母语者的使用情况，可是母语者使用频率高或者低是基于交际的需要，而不是语言的难易程度或者习得的难易程度，目前也尚无证据表明使用频率高低跟习得难易有关；另一种是基于学习者的使用情况，这似乎更不可靠，因为学习者使用的目的语是中介语，是介于学习者母语和目的语之间的一种语言系统，不可避免存在偏误（包括回避使用、过度使用、虽使用但存在错误），用它来作为标准显然不够准确。

三、语法分级排序的纵深研究：对某一（一些）语法项目的纵向分级排序的实证研究

学界除了对分级排序的总原则进行讨论之外，还就某一（一些）具体语法项目的分级排序展开了研究。

施家炜（1998）对外国留学生 22 类现代汉语句式的习得顺序进行了研

究。文章语料来源于"汉语中介语语料库系统"、语法测试和调查问卷。其采用的语料处理、统计与研究方法是：正确使用相对频率法、阶段记分法和蕴含量表法。22 类句式包括六种特殊句式的各两种小类和五种疑问形式的各两种小类。研究发现，留学生对 22 类语法结构的习得存在差异，即留学生在习得 22 种句式时存在一定的习得顺序，并把留学生 22 类句式的习得分为三个阶段。研究很具有启发性，但是只研究了每一语法项目的两个小类，不够全面，无法看出具体的语法项目的各个小类的习得序列。① 这是迄今为止学界不多见的汉语句法习得顺序的研究。

李英、邓小宁（2005）以中国人的使用为参照，采用笔头造句的形式，考察了外国学生在自然和强制状态下使用"把"字句的情况。文章根据各句类的平均偏误率的高低得出"把"字句的习得顺序（实为习得序列）。

陈珺、周小兵（2005）研究了比较句语法项目的选取和排序。文章的语料来自：留学生看图写话作文、连词成句作业和完成句子作业。研究按照比较句各小类正确使用的相对频率的高低将比较句分列五个教学阶段。

肖奚强，周文华（2009）综合汉语母语者的使用频率、外国学生的使用频率和正确率，得出外国学生汉语趋向补语句的习得顺序。

这一时期相关的研究非常多，我们查询到的相关研究涉及的语法项目有重动句、强调方式、疑问句、着、还、趋向补语、特殊句式（被字句、是字句、比较句、存现句等），等等。

给语法项目分类进而研究学习者的习得顺序，其目的是为语法项目进行分级排序，但存在以下问题：

第一，采用不同的语料和被试所得到的结果不完全一致。例如，同样是对"把"字句习得顺序进行研究，林载浩（2001）、黄自然（2012）等和李英等研究得出的结论并不完全一致。林载浩的语料来自自编测试题，分为翻译题和选择题两种；被试分别是中级水平的韩国学生、高级水平的韩国学生和在北京学习中文的韩国研究生。黄自然等的语料来自南京师范大学国际文化教育学院所建"外国学生汉语中介语偏误信息语料库"中的韩国学生部分

---

① 冯丽萍（2010）习得序列与习得顺序有所不同，后者是指学习者掌握不同语法项目（如不同语素）的先后，它回答的是"学习者对目的语某些特征的习得是否先于其他特征"；而前者是指学习者对一个语法项目（如不同形式的否定结构）的习得在不同阶段所表现出的差异和发展，它回答"学习者如何逐渐习得目的语的某个特征"这一问题。

（包括一、二、三年级）。李英等以笔头造句的形式对中山大学初、中、高级外国留学生的"把"字句的习得顺序进行了研究。研究结果详见表1。

表1　林载浩、黄自然等和李英等"把"字句研究中的习得顺序

句类	林载浩的研究		黄自然、肖奚强		李英、邓小宁	
	习得顺序	阶段	习得顺序	阶段	习得顺序	阶段
1. 主+把+宾+动+在+宾2	8	第一阶段4	1	初级第一阶段		初级1
2. 主+把+宾+动+到+宾2	6	第一阶段3	1	初级第一阶段		初级1
3. 主+把+宾+动+给+宾2	3	第一阶段2	1	初级第一阶段		初级1
4. 主+把+宾+动+成+宾2	1	第一阶段1	4	初级第二阶段		初级2
5. 主+把+宾+动+复合趋向补语	4	第二阶段2	3	初级第一阶段		初级2
6. 主+把+宾+动+上/下…+处所词	18			初级第一阶段		初级2
7. 主+把+宾+动+结果补语（动）	5	第二阶段3	2	初级第一阶段		初级2
8. 主+把+宾+动+得+情态补语（形）	16	第二阶段5	8	中级		中级1
9. 主+把+宾+动+结果补语（形）	9	第二阶段4	2	初级第一阶段		初级2
11. 主+把+宾+动+宾2	11		5	初级第二阶段		初级1
12. 主+把+宾+状语+动	12	第三阶段	7	中级		
13. 主+把+宾+动+复嵌式趋向补语	17		3	初级第一阶段		初级2
14. 主+把+宾+动+了	15	第三阶段	6	初级第二阶段		初级1
15. 主+把+宾+动+（一/了）+动	14	第三阶段		高级		初级1
16. 主+把+宾+动+来/去	2	第二阶段1	3	初级第一阶段		初级2
17. 主+把+宾+动+做+宾2	13	第三阶段	4	初级第二阶段		初级2
18. 主+把+宾+动+动量补语	6	第三阶段	5	初级第二阶段		初级1

表 1 显示，同一个语法项目在不同的研究中的排序是不一致的。习得顺序不一致导致据此进行的分级也不一致。

第二，研究多把语法项目的使用正确顺序等同于习得顺序，但是戴曼纯（1996）认为，正确率顺序不是"自然习得顺序"。王建勤（2003）也指出，"把'正确顺序'等同于'习得顺序'的假设是值得进一步探讨的"。几个不同规则按出错率高低排列，最多能表明它们的难易程度，而无法证明它们已被掌握或将被掌握的顺序。

第三，有些研究者进行习得顺序研究时没有区分学习者的母语背景。研究中的学习者来自不同的国家，他们的母语属于不同的语言类型。不同的语言类型同汉语间的差异也不相同。尽管母语背景是否会对习得产生影响尚未定论，但是在研究中还是将这个干扰因素排除出去为好。

四、余论

关于语法分级排序，学界进行了多方面的研究，但还留存一些问题亟待解决：

一是语法分级排序应不应该有统一的标准？如果应该有，那么什么标准更科学，更具有操作性？是采用单一的标准，还是采用几种因素综合的标准？

二是业界把语言习得顺序作为语法分级排序的标准之一，可语言习得顺序或次序受哪些因素的影响？语法结构的繁简、语义的透明度、语用的灵活与否、母语背景、教学是否是影响因素？如果是，那么它们是怎样影响习得顺序或次序的？对此，大家尚未形成一致的意见。另外，外语学习的过程是否遵循一定的习得顺序或序列？如果遵循一定的习得顺序或序列，为什么不同的研究者的研究结果存在不一致的地方？如果存在一定的习得顺序或序列，那么这个顺序或序列到底是什么？

参考文献：

[1] 陈珺，周小兵．比较句语法项目的选取与排列［J］．语言教学与研究，2005（2）．

[2] 戴曼纯．自然习得顺序质疑［J］．外语教学与研究，1996（4）．

[3] 邓懿等．汉语教科书［M］．北京：商务印书馆，1958.

[4] 冯丽萍，孙红娟．第二语言习得顺序研究方法述评［J］．语言教学与研究，2010（1）．

［5］国家对外汉语教学领导小组办公室．高等学校外国留学生汉语教学大纲：长期进修［S］．北京：北京语言文化大学出版社，2002．

［6］黄自然，肖奚强．基于中介语语料库的韩国学生"把"字句习得研究［J］．汉语学习，2012（2）．

［7］贾甫田．语法等级大纲（试行）对几个关系的处理［J］．世界汉语教学，1989（1）．

［8］李英，邓小宁．"把"字句语法项目的选取与排序研究［J］．语言教学与研究，2005（3）．

［9］林载浩．韩国学生习得"把"字句情况的考察及偏误分析［D］．北京：北京语言文化大学，2001．

［10］卢福波．对外汉语教学语法的层级划分与项目排序问题［J］．汉语学习，2003（4）．

［11］卢福波．对外汉语教学语法的内容确定、层级划分与项目排序问题［C］//第七届国际汉语教学讨论会论文选．北京：北京大学出版社，2004．

［12］刘英林．汉语水平等级标准和等级大纲［M］．北京：高等教育出版社，1996．

［13］吕文华．对外汉语教材语法项目排序的原则及策略［J］．世界汉语教学，2002（4）．

［14］吕文华．对外汉语教学语法探索［M］．北京：语文出版社，1994．

［15］唐曙霞．试论结构型语言教学大纲——兼论汉语教学语法体系分级排序问题［J］．世界汉语教学，2004（4）．

［16］施家炜．外国学生22类现代汉语句式的习得顺序研究［J］．世界汉语教学，1998（4）．

［17］王建勤．第二语言习得顺序研究的理论争议［C］//对外汉语研究的跨学科探索．北京：北京语言大学出版社，2003．

［18］杨寄洲．对外汉语教学初级阶段语法项目的排序问题［J］．语言教学与研究，2000（3）．

［19］杨德峰．初级汉语教材语法点确定、编排中存在的问题——兼议语法点确定、编排的原则［J］．世界汉语教学，2001（2）．

［20］周小兵．对外汉语语法项目的选择和排序［C］//对外汉语教学与中国文化——2003国际汉语教学学术研讨会论文选集．香港：汉学出版社，2003．

［21］周小兵．学习难度的测定和考察［J］．世界汉语教学，2004（4）．

5 构式"V着V着"的句法、语义、语用研究

——与"V着"比较

张 娟

摘要： 构式"V着V着"是对外汉语初级阶段教学的重要语法项目之一，留学生在习得"V着V着"的过程中，因为对"V着V着"与"V着"的区别没有一个全面的认识而出现了很多偏误。本文立足该语法项目的教学需求和习得现状，从与"V着"比较的视角，全面分析了构式"V着V着"的句法、语义、语用（篇章功能），以及构式中V的情状类型，以期为该语法项目的对外汉语语法教学和教材的编写提供有益的参考。

关键词： V着V着　持续　篇章

构式"V着V着"是对外汉语初级阶段教学的重要语法项目之一，留学生在习得"V着V着"的过程中，最常见的一类偏误是，应该用"V着V着"来表示的情景用了"V着"，出现这种偏误的主要原因是留学生没有认识到"V着V着"和"V着"的区别。在学生习得过程中出现这种情况大概有三个方面的原因：一是语言方面的，"V着V着"是由"V着"叠用而成的，叠用前后的两个构式在语义上的差别是细微的；二是教学方面的，从现有的教材对"V着V着"语法项目的处理来看，很少有对"V着V着"和"V着"区别的介绍和解释；三是留学生母语方面的，在很多语言中，没有叠用式的语法手段，而且"V着V着"和"V着"的区别在他们的母语中是不作区别的，对此学生比较难以感知。

作者简介：张娟（1982年生），首都经济贸易大学国际学院讲师，研究方向：汉语与对外汉语教学。本文得到首都经济贸易大学新入职青年教师科研启动基金项目的资助，在此谨致谢忱！

本文立足该语法项目的教学需求和习得现状，从与"V着"比较的视角，全面分析了构式"V着V着"的句法、语义、语用（篇章功能），以及构式中V的情状类型，以期为该语法项目的对外汉语语法教学和教材的编写提供有益的参考。

一、"V着V着"和"V着"句法、语义上的异同

"V着V着"是由"V着"叠用而成，叠用后形成的构式句法和语义都发生了变化，这是叠用手段在起作用。

（一）句法上的异同

考察语料，我们得到"V着"主要是充当谓语和状语，而"V着V着"大多数情况下不充当谓语等句法成分，而是以独立充当一个小句的形式出现在更大的语法单位整句中。如：

例1　a. 他一直在那儿坐着等，坐着坐着，睡着了。

b. 下午我在洗头，洗着洗着，停电了。

c. 我去的时候她正哭哭啼啼的，哭着哭着，竟然笑了。

d. 穿着穿着，白球鞋就变黄了。

（二）语义上的异同

"着"是体标记，"V着"表示动作的持续。"V着"叠用后构成"V着V着"也表示持续，但两个构式表示的持续类型不尽相同。概括来说，"V着"能表示的持续类型，"V着V着"都能表示，反之不亦然。

"V着V着"和"V着"都可以表示动态持续和静态持续，分别见例2、例3，如下：

例2　a. 这个战士是位豫剧迷，唱着唱着，两眼发红，泪水盈眶。（1994年报刊精选）

b. 他面带笑容地望着我，我也冲他笑了笑，然后继续唱着歌。（《中国北漂艺人生存实录》）

例3　a. 他坐着坐着就有些不舒服，觉得没有在德强家里痛快、亲切。（冯德英《苦菜花》）

b. 他不知道，他就在口儿这儿坐着，门口儿这儿坐着，当时就给照下来，就在咱们老远门口儿那儿。（1982年北京话调查资料）

两者都可以因为进入的动词是否是瞬时性的而可以表示平直态持续和反复态持续，分别见例4、例5，如下：

例4 a. 有一次在东屋山头晒阳光，他堂兄陈正清坐在旁边看他，看着看着就笑起来。（高晓生《陈奂生包产》）

b. 她略显惊讶地看着我，似乎我的回答出乎她的意料。（《中国北漂艺人生存实录》）

例5 a. 一想到这里，建梅那些鼓励他的话，在耳边响起来，建梅那一双快乐的眼睛就在他脸前闪耀起来，但闪着闪着就由快乐变为惊疑，啊！她哭开了。（李晓明《平原枪声》）

b. 亚铭的眼睛在黑暗里闪着光，他轻声地说了一句："谢谢你对我的支持。你太好了。"（《中国北漂艺人生存实录》）

但"V着V着"可以表示间断性持续，而"V着"通常不可以。如：

例6 a. 这段日子，我一直坚持跑步，跑着跑着，就瘦下来了。

a'. ＊这段日子我跑着步。①

b. 我最近经常去补牙，补着补着，就跟那位医生熟悉了。

b'. ＊我最近补着牙。

表示的持续类型相同的"V着"和"V着V着"所表示的持续义很相近，所对应的客观情境也通常是相同的，但是"V着V着"更关注持续的过程，这个与重叠的手段有关。

二、"V着V着"和"V着"篇章功能上的异同

"V着V着"和"V着"最明显的区别应该是表现在篇章上，主要表现在两个方面：一个是定位时间功能不同，具体表现在定位的时间类型不同；一个是所引入的信息类型不同。比较"V着V着"和"正……V着"，"正……V着"是典型的定位同时间点或同时间段关系，如：

例7 a. 正说着，"穴头"开着大奔来了。（《中国北漂艺人生存实录》）

b. 说着说着，"穴头"开着大奔来了。

例8 a. 当北温带的人们正穿着大棉袄的时候，南温带的人们却在海滨浴场避暑。（中国百科网）

---

① 标星号句为错误句。

b. ＊穿着穿着，南温带的人们却在海滨浴场避暑。

例9 a. 你正睡着的时候，我在熬夜学习。

b. ＊你睡着睡着，我在熬夜学习。

例7是定位同时间点，后续句虽然是持续事件，"说"的过程也可能与"开"的过程是同时进行的，但这里的"正说着"给后续句定位的时间不是事件本身的时间，而是言者做出判断的时间，即看到穴头开着大奔过来的那个时间点。又因为"正说着"表示的是一个持续的事件，因此这个定位的时间类型又可以具体概括为"在……（过程）中"。例8和例9定位的是时间段，即一个持续事件为另一个持续事件进行时间的定位。也正因为定位同时，因此可以表示并列关系同时存在的两个状态，或者同时进行的两个动作，这个定位时间的类型又可以具体概括为"在……同时"①。从例句也可以看到，第一个定位同时时间类型中的"正……V着"可以转换为"V着V着"类表示，第二个定位同时时间类型的"正……V着"不能转换为"V着V着"类来表示。

"V着V着"有一部分可以替换为"正……V着"，意思差别不大，如：

例10 a. 跑着跑着，小王来了。

b. 跑着跑着，下雨了。

c. 跑着跑着，腿崴了。

从客观事实来说，后续句所表示的事件发生的时候，参考时间所表示的事件确实是"正跑着"。参考时间是一个持续事件，新信息意味着变化或者新情况，是一个非持续事件，因此变化和新情况是在参考事件持续的过程中发生的，可以替换为"正……V着"，但意思上仍有差别。"V着V着"更强调持续了一段时间以后发生某个变化或出现某个新情况，注重持续的过程。不是所有的"V着V着"都可以替换为"正……V着"，如：

例11 a. 她哭着哭着，突然笑了/不哭了。

a′. ＊她正哭着，突然笑了/不哭了。

b. 这种烟很厉害，抽着抽着，就上瘾了。

b′. ＊这种烟很厉害，正抽着，就上瘾了。

---

① 这里说的"同时"是狭义的同时，广义的同时包括时间上的包含关系、叠合关系和对等关系，狭义的同时指的是时间上的对等关系。

c. 吉他不难，我弹着弹着就会了。

c′. *吉他不难，我正弹着就会了。

a句中"V着V着"对于过程性有所突出，强调哭持续了一段时间，然后笑。尽管笑仍然和哭具有同时关系，但是哭过程性的强调，使得这里的"V着V着"不能替换为更强调同时性的"正……V着"，也就是当发生哭的新情况时，她正在笑，这是一种矛盾的情况。"不哭了"这个新情况的发生就更不可能"在哭"的同时发生。b句的过程积累性就更明显，不是只要是在抽的过程中就会上瘾，而是抽了一段时间，有了一定的时间积累，才会上瘾。这里的抽所表示的持续通常是一种间断性的持续，聚焦度不高，因此替换为聚焦度高的"正……V着"比较困难，但c句中的"V着V着"表示的是连续持续，聚焦度也比较高，但仍然无法替换为"正……V着"，过程积累性突出是原因。

定位"在……同时"时间类型的"V着"不仅可以表示不同主体同时的不同状态，也能表示同一主体同时进行的不同动作，主要动词是"说"，如：

例12 a. 说着，他就伸出了双手。

b. 他一边说着就把我的提包抢了过去放到了一部红色夏利车的后盖。(1995年2月人民日报)

从客观情境来说，后续句所表示的事件是在参考事件的过程中发生，但是更强调"同时"关系，以突显新事件动作发生的迅速。例句中的"V着"都可以直接或稍作变动替换为"V着V着"，如：

例13 a. 说着说着，他就伸出了双手。

b. 说着说着，他就把我的提包抢了过去放到了一部红色夏利车的后盖。

替换了以后，句子仍然可以成立，但是所表示的客观情境已经发生了变化。例12强调的是新事件发生的时间早，动作迅速。相反，例13 a句中伸出双手这个动作和b句中提包抢了过去的发生通常是在"说"这个动作进行了一段时间才发生的，通常不会是刚一说就发生。这仍旧与"V着V着"的注重过程的积累性有关，积累一定是有一定的量的。

三、构式"V着V着"和"V着"中V的异同

状态情状中阶段属性类能进入"V着"，构成静态持续类"V着"，也能

进入"V着V着"，不同的是，既可以构成静态持续，也可以构成动态持续，构成动态持续的是间断性的反复持续，陈前瑞（2008）反复的特点之一就是动态，如：

例14　a. 他每天来这儿坐一上午，坐着坐着，那条长凳就成了他的专座了。

b. 他每天晚上都不吃饭，饿得难受也不吃，饿着饿着，就饿出胃病了。

活动情状动词都可以进入"V着"，既可以表动态持续（a句），也可以表静态持续（b句）。活动情状动词也可以进入"V着V着"，但通常只能表示动态情状（c句），如：

例15　a. 红头飞机还在冲上翻下地打着机枪，扔着炸弹。（吴强《红日》）

b. 在他的书架上、桌子抽屉里，扔着各式获奖证书。（1996年5月人民日报）

c. 话说校运会报了个铅球（因为不想跑啊~）……然后扔下试试……原来六斤的感觉如此不一般啊……脊椎不好会不会扔着扔着扔出毛病啊。（百度）

例16　a. "嘻嘻"，我正写着，突然听到了叶玲的笑声。（《读者》）

b. 才站一会儿，就看见从门口走来一个和我一样举着纸板，背着画夹的人，纸板上同样写着：画肖像！（《中国北漂艺人生存实录》）

c. 写着写着，干脆连老花镜也不戴了。（1994年报刊精选）

这些活动情状动词本身不具有静态义，是在"V着"构成的存在句中具有静态义。结束情状可以构成"V着V着"，且非常自然，通常不能构成"V着"，如：

例17　a. *我昨天下午寄着包裹。

b. 我昨天下午在邮局寄包裹，寄着寄着，突然停电了。

例18　a. *我进着游戏呢。

b. 昨天想用电脑打游戏，可是进着进着，突然进不去了。

这和"V着V着"关注过程相关，观察的视角不同。"V着V着"是一种部分取景的视角，依据时间顺序，从头开始进行观察，至于结果如何不必然包含在观察的视角中。"V着"对持续事件的均质性（王媛，2011）有要求，含有内在结果的结束情状是不均质的，因此不能构成"V着"。达成情状

类动词不能构成"V着",有一部分可以构成"V着V着",如:

例19 a. ＊我最近不断地掉着头发。

b. 洗一次头就掉一把头发,掉着掉着,头发越来越稀疏了。

例20 a. ＊一些危楼不断地倒着。

b. 一会儿倒一栋楼,倒着倒着,这儿就是一片废墟了。

达成情状类动词只能构成间断持续这个类型的"V着V着",虽然不是所有的这类动词都能进入这个格式,但是通过这些例子我们可以认识到"V着V着"由"V着"叠用而成的机制。

四、结语

本文对从对比的视角(比较"V着"和"V着V着")对"V着V着"的句法、语义、篇章功能及动词的情状特征有了一个全面的分析,认识到:①句法上,"V着V着"虽然是动词重叠结构,但是重叠后并不具备动词的典型句法功能,主要是独立充当小句;②语义上,与"V着"表示的持续义相近,但是更强调动作过程的积累,另外"V着V着"可以表示间断持续("V着"不可以);③篇章功能上,主要是定位时间点功能和引入一个由于动作积累而形成的结果的新信息;④构式中动词的情状特征方面,能进入"V着V着"的V情状类型更丰富,结束情状、达成情状都有进入"V着V着"的可能性,这与"V着V着"能表示间断持续相关。

参考文献:

[1] 陈前瑞. 汉语体貌研究的类型学视野 [M]. 北京:商务印书馆,2008.

[2] 陈前瑞. 汉语反复体的考察 [M]//语法研究和探索:十一. 北京:商务印书馆,2002.

[3] 陈前瑞. 汉语内部视点体的聚焦度与主观性 [J]. 世界汉语教学,2003(4).

[4] 戴耀晶. 现代汉语表示持续体的"着"的语义分析 [J]. 语言教学与研究,1991(2).

[5] 方梅. 从"V着"看汉语不完整体的功能特征 [M]//语法研究与探索:九. 北京:北京大学出版社,2000.

[6] 郭锐. 汉语动词的过程结构 [J]. 中国语文,1993(6).

[7] 侯友兰,徐阳春. "V1着V1着……V2……"句式语法语义分析 [J]. 语言教学与研究,2002(5).

［8］李宇明．论词语重叠的意义［J］．世界汉语教学，1996（1）．

［9］李宇明．动词重叠的若干句法问题［J］．中国语文，1998（2）．

［10］李宇玥．论"反复"［J］．中国语文，2002（3）．

［11］李宇明．汉语复叠类型综述［M］//汉语重叠问题．武汉：华中师范大学出版社，2009．

［12］廖秋忠．现代汉语篇章中空间和时间的参考点［J］．中国语文，1983（4）．

［13］王继同．论动词"V着V着"的重叠式［J］．汉语学习，1990（2）．

［14］王继同．论"V着"重叠与"V着"叠用［J］．浙江大学学报，1991（4）．

［15］王媛．事件分解和持续性语义研究［D］．北京：北京大学，2011．

［16］曾常年．现代汉语动词持续体的反复态［J］．华中师范大学学报，1998（5）．

［17］Comrie B. Aspect［M］．Cambridge：University Press，1976．

［18］Goldberg A E. Construction：A Construction Grammar Approach to Argument structure［M］．Chicago：University of Chicago Press，1995．

［19］Hopper P. Tense and Aspect：Between Semantics and Pragmatics［M］．Amsterdam：John Benjamins，1982．

［20］Smith C. The Parameter of Aspect［M］．Dordrecht：Kluwer Academic Publishers，1991．

［21］Vendler Z. Linguistics and Philosophy［M］．Ithaca：Cornell University Press，1967．

6　广告及广告语言研究概述

万凯艳

摘要：广告古已有之，广告的英文词来源于拉丁文，17世纪末，广告一词开始广泛流传，意义和内涵的正式确定是在20世纪。广告语言有广义、狭义之分，一般语言学研究的是狭义的广告语言定义：广告中出现的语言文字信息。广告语言包括商标、标语、标题、正文等。我国从1979年之后开始关注现代广告的研究，本文通过对研究论文进行分析，发现广告语言研究有三个特点：一是研究论文的数量随着经济活动的繁荣逐年递增；二是研究视角逐渐细化；三是研究成果从基本认知逐步进入全方位深化的阶段。

关键词：广告　广告语言　语言观

一、广告概述

我们通常了解到的广告的最通俗的定义是"广而告之"。英文 advertising 来源于拉丁文 advertere，意为"唤起大众对某种事物的注意，含有通知、诱导、发布的意思"[①]。中古时代（约公元1300—1475年）演变为 advertise，含义扩展为"使某人注意到某件事"，或"通知别人某件事，以引起他人的注意"。17世纪末，英国开始了大规模的商业活动，商业经济日趋繁荣，招牌、媒体都成为投放广告的位置，广告一词广泛流传开来，广告的意义得到了进一步的延伸和扩充。此时的"广告"，从静止的概念名词 advertise，扩展为广告活动意义的"advertising"。

在我国，广告，古已有之，伴随商品交换而产生。战国时期我国就有了悬帜广告、悬物广告、商品命名广告等多种商业广告形式。唐宋时期，伴随

作者简介：万凯艳（1977年生），首都经济贸易大学国际学院副教授，研究方向：应用语言学。

① 张英岚. 广告语言修辞原理与赏析［M］. 上海：上海外语教育出版社，2007：2.

着经济的极大发展、商品的大幅增多，商业活动也日益频繁，活动范围也逐渐扩大。不仅广告形式多种多样，有灯笼广告、招牌广告、幌子广告、诗歌广告等，而且伴随着印刷术的产生，出现了世界上最早的印刷实物广告。到了明清时期，商业广告达到了历史的高峰，传统广告形式趋于完善，而且还有对联、诗词、年画等广告，体现了中国的民族特色。

我国报刊上开始出现"广告"这个术语是在19世纪末，从日本传入。20世纪20年代，"广告"这个词开始被普遍采用。在外国货物不断涌入我国市场的同时，海外商人开始利用传递信息速度快、信息量大的报刊做起了广告。当时历史最久的、由英国人创办的《申报》，广告版面一般都占50%以上，多数为外商广告。另外，广播广告等其他形式也逐渐发展起来，具备了现代广告的雏形。

那么，广告到底是什么，具备什么功能呢？广告的定义和内涵也经历了一个推敲琢磨、由大到专的过程。1890年，西方社会对广告的定义是"有关商品或服务的新闻（News about product or service）"。那时候的广告只是新闻的一种，是一种与新闻报道类似的传播手段。英国《简明不列颠百科全书》提出："广告是传播信息的一种方式，其目的在于推销商品、劳务、影响舆论，博得政治支持，推进一种事业，或引起刊登广告者所希望的其他反应。广告信息通过各种宣传工具，其中包括报纸、杂志、电视、无线电广播、张贴广告及直接邮寄等，传递给它所想要吸引的观众和听众。广告不同于其他信息传递方式，它必须由登广告者付给传播信息的媒介以一定报酬。"这一定义明确了广告是一种传播信息的方式，但是包含内容相当广泛，商品、劳务、政治类宣传都包括在内。

1932年，美国专业广告杂志《广告时代》向社会征求广告定义，得票最多的入选定义是："由广告主支付费用，通过印刷、书写、口述或图画等，公开表现有关个人、商品、劳务或运动等信息，用以达到影响并促成销售、使用、投票或赞同的目的。"这个定义阐明了广告的几个相关部分，即广告主、媒介、表现内容、广告目的，广告内容为广告主支付费用的一些信息。

1948年，美国营销协会的定义委员会（Definition Committee of The American Marketing Association）为广告做了定义，其后几次修改，形成了影响较大的广告定义："广告是由可确认的广告主，对其观念、商品或服务所做之任何方式付款的非人员性的陈述与推广。"

我国对广告的理论研究比较晚，阐述更多的是现代广告的特点。《辞海》中给广告下的定义是："通过媒体向公众介绍商品、劳务和企业信息的一种宣传方式。一般指商业广告。从广义上来说，凡是向公众传播社会人士动态、文化娱乐、宣传的都属于广告范畴。"分为狭义的商业广告和广义的社会广告两种。

《现代汉语词典》对广告的定义是："向公众介绍商品、服务内容或文娱体育节目的一种宣传方式。一般通过报刊、电视、广播、招贴等形式进行。"

于根元在《广告语言概论》中阐明："广告一般所指为商业广告，是某种商品或服务的所有者，为了推广其商品和服务、影响消费者的态度和行为、实现营利的目的，从而采取的付费的信息传播形式。"可见，我们一般所说的广告是指商业广告，目的是营利，性质是信息媒介。另外，他还说明公益广告也属于广义的广告范畴，"是经媒介发布、为公众利益服务、非营利的信息传播形式，旨在传播公益观念，促使人们公益行为的形成，进而促使公益事业的发展"[①]。这个定义比较接近于我们对广告的一般理解，其将广告分为商业广告和公益广告两种，商业广告的目的是推销产品或者服务，实现营利，公益广告的目的是传播公益观念，促使人们形成公益行为。但占主要地位的是商业广告。我国1994年颁布的《广告法》对广告的定义是："本法所称广告，是指商品经营者或者服务提供者承担费用，通过一定媒介和形式直接或间接地介绍自己所推销的商品或者所提供的服务的商业广告。"商业广告也是本研究的重点。

二、广告语言研究概述

（一）广告语言的内涵

广告语言是广告的核心，是其信息传播的重要载体，是广告的重要组成部分。广告语言的使用能增强广告的艺术魅力，更好地达到广告主推销产品的目的。美国权威调查机构测试证明，广告效应的50%～75%由广告语言产生。

广告语言有广义和狭义之分。广义的广告语言是指广告传播过程中运用的各种手段，包括图形、灯光、音响、音乐、色彩、布局、装饰等。这是一

---

① 于根元. 广告语言概论［M］. 北京：中国广播电视出版社，2007：26.

种大语言观，依据广义的语言定义，即语言是一种符号系统，任何感觉器官的感受都可以是一种语言，比如嗅觉语言、触觉语言和听觉语言等。这一概念广泛运用在广告的创作、制作、宣传中，它可以指广告中所有的表现形式。狭义的广告语言是指广告中运用的语言文字方式，包括有声语言和文字语言。曹志耘在《广告语言艺术》一书中指出："广告语言是指广告中的语言，包括各种广告中所有的语言文字信息，即广告中的语音、词语、句子、文字、标点符号和文字图形。"① 本研究中所遵循的是狭义的广告语言定义，即广告中出现的语言文字信息，包括有声语言和文字信息。

从构成要素上来说，广告语言包括商标、广告标语、广告标题（包括引题、正题、副题）、广告正文、广告符文和警示语。广告正文在同一则广告中，根据广告需要和目的的不同，这几项要素并不同时都出现，可多可少。广告标语、正文、符文和警示语亦可概称为广告文案。

商标是广告中最为重要的内容，是此商品区别于其他商品的标志。在现代社会中，人们往往通过它来辨别商品和服务，选择购买商品。在广告中，它常位于最醒目的位置，一般由文字、图形或其组合组成。

广告标语是广告中反复使用的核心语句，常常言简意丰、通俗易记，旨在向消费者传达企业的理念、商品或服务的核心价值。比如，飞利浦的"Let's make things better.（让我们做得更好。）"；理光复印机的"We lead. Other copy.（我们领先，他人仿效。）"；泸州老窖的"凡有人之处必有华人，凡有华人之处必有泸州老窖。泸州老窖，中华荣耀"。

广告标题和广告正文是相辅相成的，两者常常同时出现，有时也合二为一。标题和正文可以单独存在，正文的内容可以减缩融入标题中，标题也可以融入正文，成为正文的核心句。比如一则旧金山的旅游广告②：

世界不是天造的游乐园，其中只有 46 平方英里是

生活不全是游乐游戏。但是在旧金山，起码在虚拟世界中过把瘾。

坐上叮当作响的缆车划到码头上。蜿蜒拾级直上科伊特塔顶。眼前景色令人叹为观止。你可以对着海狮狂叫。你可以在华富小巷的古怪小店里为一

---

① 曹志耘. 广告语言艺术 [M]. 长沙：湖南师范大学出版社，1992：34－35.

② 乔治·费尔顿. 广告创意与文案 [M]. 陈安全，译. 北京：中国人民大学出版社，2005：138.

只香炉讨价还价。够不够刺激？然后可以在原始沙滩上漫步数英里。看一场首轮放映的电影。参观一家一流博物馆。

然后，有壮美的金门大桥让你驻足观望。

然后，你可以选择一家餐馆去大饱口福，3 500 家任你挑选。

如果你追求这样的美好时光，就到旧金山去。

它，不仅仅是一座城市。它也是一座游玩冒险的城市。

……

广告附文是广告中次要的备查备用的信息，比如电话、商品价格、地址、联系人、购买方式等。一般放在广告的最后，且字体偏小。

广告警示语即我们常在商品包装上看到的"孕妇禁用""绿色安全食品""全新上市"等起警示作用的词或短句。广告警示语有的是对广告语的补充，有的是抓住广告商品或服务的一个点进行宣传。

狭义的广告语言是语言的一种特殊变体。因此，它是众多语言形式的一种，在语音、词汇、语法上仍体现着语言的基本特点，同时又展现出很多与广告目的、内容、要求相一致的自我特性。

（二）广告语的研究现状

自 1979 年 1 月 28 日上海电视台播出我国改革开放后的第一则广告以来，学术界、广告界、理论界等众多领域开始关注现代广告的研究。到现在，我国的广告语言研究成果众多，关于广告语言研究的书籍、期刊论文、硕博士论文多达 2 万多份。研究内容也从广告的介绍、阐述转到广告内容、特征、规范、创新等细化阶段。邵敬敏（1996）在《广告语创作透视》一书中把广告语言的研究分为三个阶段：初创阶段、发展阶段和深入阶段。

本研究选取中国知网 1979—2015 年的论文进行分析，发现广告语言的研究有以下几个特点：

1. 研究论文的数量逐年递增

详情见表 1。

表1

主题词 ＼ 年份	1979—1990	1991—1995	1996—2000	2001—2005	2006—2010	2011—2015	
广告语言/广告语	52	481	821	1 813	3 907	3 441	15 015
广告文本/文案	1	20	275	526	1 033	951	2 706
总计	53	301	756				

2. 研究视角细化

广告学本身就是一门综合边缘学科，它涉及社会文化、经济学、新闻学、心理学等多个学科。因此，在广告语言深入研究的同时，有许多研究者从多个角度对广告语言研究进行了切入。历年的研究情况概括如表2所示。

表2

研究方向 ＼ 年份	1979—1990		1991—1995		1996—2000		2001—2005		2006—2010		2011—2015	
	篇数	百分比	篇数	百分比	篇数	百分比	篇数	百分比	篇数	百分比	篇数	百分比
语言学	18		28		85		523		511		456	
广告学	12		11		33		345		387		322	
社会文化学	0		3		6		47		49		38	
心理学	1		0		0		8		10		7	
法学	0		2		3		12		15		9	
传播学	0		0		0		9		8		6	

3. 研究成果分析

1979—1990年是改革开放的开始阶段。在这一时期，研究内容多是对广告语言研究的探索和对广告语言的概述及基本认知，因此许多研究者在题目的选用上使用"浅论""浅析""试论""赏析"等字眼，还有的关注广告语言的修辞方式，比如邵敬敏的《广告标题中成语谚语的妙用》、颜利奇的《广告文体中的"四字句"语体》、蒲生的《广告语言美，凯歌传四方——上海无线电四厂"凯歌"系列广告修辞谈》等。

1991—2000年，随着改革开放的进一步推进，市场经济快速发展，商品市场呈现出供过于求的局面，同类商品的销售竞争加大，广告的重要性开始显现。全国各地出现了很多广告语大赛，征集优秀的广告语作品。同时，人们在进行广告研究时，开始注重挖掘深层的内容。例如，人们开始注重对广告语言进行渲染设计，不仅仅关注商品的功能宣传，商品精神层面的内涵也得到关注，更着力于宣传产品中蕴含的社会和文化因素，注重使人们在观看广告时得到物质和精神的享受，从而吸引观众的注意力，如曹志耘的《广告语言研究面临的课题：深化和实用化》，卢长怀、孙丽霞的《广告语的文化意蕴》等。此外，有研究学者从广告学、文化学、法学的研究角度切入，研究广告语的功能和结构，拓宽了广告语的研究视野，使研究内容更加全面。

2001—2010 年，是中国经济迅猛发展的时期，商品经济走向繁荣，也是广告语研究全方位深入的时期。广告语的研究数量达到历史最高，并在2006—2010 年达到顶峰，年研究文章 804 篇，是 1979—1990 年的 15 倍，是1990—1995 的 1.6 倍，接近于 1996—2000 年的总量。研究数量的急剧增多，说明人们对广告语言的关注程度，也说明它在经济、生活中的重要性。许多广告语脍炙人口。同时，随着中国改革开放后出生的孩子长大成为消费的主力军，广告语的内容也出现了相应的改变，更多地以自我为中心，反映了这一代自信、张扬的个性。例如，"美斯特邦威，不走寻常路"，"年轻无极限，统一冰红茶"，动感地带的广告语"我的地盘听我的"，等等。语言学方面的研究进一步细化，出现化妆品广告、汽车类广告等的专项研究，理论化增强，开始借用国外的模因理论、顺应理论、谱系理论研究中国广告语的特点。

许多硕士、博士生加入了研究的队伍，广告语成为毕业论文的研究内容。据知网统计，2000 年前无此类硕博士论文，2000 年 5 篇，2001 年仅有 4 篇，数量很少。但是到了 2007 年之后，此类硕博士论文大量出现，2012 年达到176 篇。其中，2001—2005 年共 151 篇，2006—2010 年共 558 篇，2011—2015 年共 710 篇。他们成为广告语研究的生力军。另外，传播学、社会学、法学、心理学、符号学等多个学科领域的专家和学者都逐渐参与进来，利用自己专业的相关理论从不同角度进行研究。至此，广告语已不再只是语言问题，而是成为一个各方面关注的社会文化现象。

参考文献：

[1] 张英岚. 广告语言修辞原理与赏析［M］. 上海：上海外语教育出版社，2007：2.

[2] 于根元. 广告语言概论［M］. 北京：中国广播电视出版社，2007：26.

[3] 曹志耘. 广告语言艺术［M］. 长沙：湖南师范大学出版社，1992：34 – 35.

7 韩国高级水平汉语学习者"是……的"句习得情况研究

魏鹏程

摘要："是……的"句是汉语非常重要的一种句式，也是汉语学习者习得过程中出现偏误较多的一种句式。本文在前人研究成果的基础上，基于大规模汉语中介语语料库，对韩国高级水平汉语学习者的"是……的"句使用情况进行全面考察，进而对"是……的"句的对外汉语教学提出相应的建议。

关键词："是……的"句 对外汉语教学 习得 偏误

一、引言

1992—2005 年参加高等汉语水平考试（HSK 高等）作文考试的学习者中，各种句式偏误情况如表 1 所示：

表 1 HSK 动态作文语料库句式偏误统计①

序号	句式	偏误频次	偏误频率
1	"是……的"句	2 629	166.004
2	是字句	1 427	90.105
3	把字句	585	36.939
4	有字句	555	35.045
5	兼语句	440	27.783
6	被字句	297	18.754

作者简介：魏鹏程（1974 年生），首都经济贸易大学国际学院讲师，研究方向：对外汉语教学。

① 崔希亮：HSK 动态作文语料库 – 统计 – 错误信息汇总，http://202.112.195.192：8060/hsk/tongji2.asp。

续表

序号	句式	偏误频次	偏误频率
7	形容词谓语句	155	9.787
8	比字句	145	9.156
9	双宾句	66	4.167
10	连动句	23	1.452
11	连字句	15	0.947
12	存现句	1	6.314

从表1可以看出,"是……的"句的使用偏误高居汉语学习者句式偏误之首,是对外汉语教学中非常值得重视和研究的一种句式。

本文之所以选择韩国学习者作为研究对象,是基于以下三点:①从HSK动态作文语料库来看,总共11 569篇作文中,韩国考生的作文共有4 171篇,占比36.05%,在所有国家中作文篇数最多、占比最高,可供研究的语料最丰富;②韩国是我国的邻国,历史上一直联系密切,并且随着中国经济的快速发展和中韩经济文化交流的日益频繁,学习汉语的韩国人越来越多,对韩汉语教学越来越重要;③近年来,到我校留学的韩国学生在国际学生中占比越来越高,本研究对韩汉语教学也具有直接的现实意义。

本文拟在前人研究成果的基础上,基于大规模语料库对高级水平韩国汉语学习者"是……的"句进行全面考察,从而为"是……的"句的对外汉语教学提供借鉴。

二、本文语料来源及对"是……的"句的分类

(一)语料的选择

本文的语料全部来自"HSK动态作文语料库"。该语料库由崔希亮教授主持,北京语言大学"HSK动态作文语料库"课题组研发,是母语非汉语的外国人参加高等汉语水平考试(HSK高等)作文考试的答卷语料库,收集了1992—2005年部分外国考生的作文答卷。语料库1.1版作文总数为11 569篇,共计424万字。本文的语料选自该语料库1.1版中韩国考生的作文。其中,获得A级证书的有19人,获得B级证书的有307人,获得C级证书的有1 604人。为了便于分析对比,本文以作文题目为依据,从C级作文中随机选取与B级数

量相同的作文语料。最终，本研究的语料是：B 级作文 305 篇，共计 120 750 字；C 级作文 305 篇，共计 109 259 字。A 级作文一共只有 19 篇，故全部选取，共计 8 377 字。A、B、C 三级共选取 629 篇作文，共计 238 386 字。

（二）"是……的"句的分类及其下位句式

本文按照比较通行的二分法，把"是……的"句分为"是……的"句（一）和"是……的"句（二），再进一步细分出各自的下位句式。

"是……的"句（一）是一种带"是……的"标志的动词谓语句，一般用于这样的场合：动作已在过去发生或完成，并且这一事实已成为交际双方的共知信息。使用"是……的"（一）时，说话人要突出表达的重点并不是动作本身，而是与动作有关的某一方面，比如时间、处所、方式、施事、受事等，这些就是句子的对比焦点。①

"是……的"句（二）是指带"是……的"标志的一部分动词谓语句和形容词谓语句。"是"和"的"都表示语气。这类句子多用来表示说话人对主语的评议、叙述或描写，全句往往带有一种说明情况、阐述道理、想使听话人接受或信服的肯定语气。②

综合各家的观点，本文把"是……的"句（一）和"是……的"句（二）各分出五种下位句式，同时为方便叙述和理解，每种都取一个带有关键字的简称，并在后面的行文中用这些简称代替。

1. "是……的"句（一）五种下位句式

"是……的"句（一）五种下位句式如下：

（1）"S1 状"——主语 + 是 + 状语 + V + 的。对比焦点是作为状语的时间、处所、方式、条件、目的、对象、工具等。例如：

例1 那本教材是1958 年编写的。

（2）"S2 施"——受事 + 是 + 主谓短语 + 的。对比焦点是主谓短语里的施事。例如：

例2 我的一切都是祖国和人民给的。

施事前有"被"和"由"等施事标志词的句子，如果句子的对比焦点是施事，则也算在此句式内，例如：

① 刘月华，等. 实用现代汉语语法［M］. 增订本. 北京：商务印书馆，2001：762 – 781.
② 刘月华，等. 实用现代汉语语法［M］. 增订本. 北京：商务印书馆，2001：771.

例3 会议是由王经理主持的。

（3）"S3 主"——是 + 主谓短语 + 的 + 宾语。对比焦点为全句的主语。例如：

例4 是谁把信寄走的？

（4）"S4 受"——主语 + 是 + 动词 + 的 + 宾语。对比焦点为受事。例如：

例5 昨天晚饭我是吃的馒头，不是吃的米饭。

（5）"S5 因"——状态/状况 + 是 + （动宾短语/施事）+ 动词 + 的。对比焦点是一种行为或情况，而这一行为或情况是引起某种结果的原因，这个"某种结果"就是充当句子主语的状态或状况，是已知信息；动词就是作为对比焦点的行为或情况，例如：

例6 她脸红恐怕是海风吹的。

例7 ……赵春生嘟囔着说："他那是冻的！"

2. "是……的"句（二）五种下位句式

"是……的"句（二）五种下位句式如下：

（1）"S6 能愿"——主语 + 是 + 能愿动词 + 动词/动词短语 + 的。重音在能愿动词上，例如：

例8 这件事情是能解决的。

（2）"S7 可能"——主语 + 是 + 动词 + 可能补语 + 的。其包括前面有表可能和确定的词语，比如"能、可以、一定、肯定、绝对"等的，以及可能动补结构带宾语的，比如"学不好汉语"，等等。重音在可能补语上。例如：

例9 善意、恶意，不是猜想的，是可以看得出来的。

（3）"S8 形短"——主语 + 是 + 形容词短语 + 的。重音在形容词短语上。例如：

例10 他们的文化生活是相当丰富的。

（4）"S9 其他短"——主语 + 是 + 其他短语 + 的。"是"和"的"中间是除了上述三种短语外的其他短语，比如状动短语、动宾短语、主谓短语、固定短语或固定结构等，甚至可以是复句。重音在"是"和"的"中间的短语上。例如：

例11 这个问题，我们也是很注意的。

例12 他对你是诚心诚意的，你可别冤枉他。

例13 无论做什么，都是只有努力才能做好的。

（5）"S10 词"——主语 + 是 + 词 + 的。重音在"是"和"的"中间的词上。例如：

例14 他心里是<u>透亮</u>的。

例15 我们面前的困难是<u>有</u>的，而且是很多的。

三、语料库中"是……的"句的使用情况考察

（一）"是……的"句使用的整体表现

在选取的语料中，一共找到 624 个包含"是……的"句用例的句子。部分句子会同时有两个甚至三个"是……的"句用例，所以一共发现 652 个"是……的"句用例。比如：

例1 凡人们认为自然是<u>无限度</u>的，但这是<u>不对</u>的，自然明明是<u>有限</u>的。

例2 对我来说，我是<u>很喜欢在路上抽烟</u>的，不过很少把烟头扔在路边的。

对这 624 个句子共 652 个"是……的"句用例，首先分出正确与偏误两大类，然后把偏误分为"泛化"、"缺漏"和"内部偏误"三类，再进一步区分小类。

各类偏误具体的操作性定义如下：

1. 泛化

泛化指的是语料中虽然使用了"是……的"句，但根据其所在的语境，母语使用者一般并不使用该句式。比如：

例1 那么难道要为大力发展生产的需要而忽略了广大人民的健康吗？显然是"不"的。

2. 缺漏

缺漏指的是缺少或遗漏"是"或"的"。比如：

例2 "绿色食品"的生产成本的降低也需要研究的。

3. 内部偏误

内部偏误指的是根据语境和母语者的语感，应该使用"是……的"句，且使用者也的确使用了"是……的"句，但存在内部问题，包括"错序"（"是"字的语序有问题）、否定不当（不符合"是……的"句的否定格式）和"其他"（无法归入前两类的其他内部偏误）三种。比如：

例3 听流行歌曲能解放思维，是在一生中很必要的。（错序，应说成"……，在一生中是很必要的"）

韩国高级水平学习者使用"是……的"句的整体表现如表2所示：

表2 韩国高级水平学习者"是……的"句整体表现①

汉语水平	偏误类型	偏误数量	偏误总量	偏误占比（%）
C级（9级）		222	325	68.31
B级（10级）		235	311	75.56
A级（11级）	正确	14	16	87.50
ABC总计		471	652	72.24
C级（9级）		24	325	7.38
B级（10级）		20	311	6.43
A级（11级）	泛化	1	16	6.25
ABC总计		45	652	6.90
C级（9级）		45	325	13.85
B级（10级）		27	311	8.68
A级（11级）	缺漏	0	16	0.00
ABC总计		72	652	11.04
C级（9级）		35	325	10.77
B级（10级）		28	311	9.00
A级（11级）	内部偏误	1	16	6.25
ABC总计		64	652	9.82

从表2可以看出，韩国高级水平汉语学习者对"是……的"句的使用正确率整体为72.24%，差强人意；"是……的"句的使用正确率同汉语水平呈正比关系，C级、B级、A级"是……的"句的偏误率逐级下降。

（二）"是……的"句偏误分析

1. 泛化偏误

现在语法学界对"是……的"功能基本达成了共识：

"是……的"句（一）的功能特点是：一般表示动作已在过去发生或完成，并且这一事实已成为交际双方的共知信息（已知信息）。使用"是……的"句（一）时，说话人要突出表达的重点（也就是全句的表达焦点）并不

---

① 表中的偏误包括正确，即零偏误。

是动作本身，而是与动作相关的某一方面，如时间、处所、方式、目的、施事等。

"是……的"句（二）的功能特点是：多用来表示说话人对主语的评议、叙述或描写，全句往往带有一种说明情况、阐述道理，想使听话人接受或信服的肯定语气。

这样的说明看起来非常清楚，但在实际使用时，对语感的依赖还是非常强的，汉语学习者由于语感的缺乏，光靠语法书或老师的介绍，很难正确把握使用的情景。对于"是……的"句（一），很容易泛化为只要是过去就使用该句式；对于"是……的"句（二），很容易在想强调自己的某种观点或事实时滥用该句式。另外，"是……的"句（二）的使用多数情况下是非强制性的，可用可不用的情况非常多，容易让学习者误以为只要想用就能用，造成泛化。比如：

例1 随着人们文化素质的提高，人们爱好的种类越来越多了，其中有些人的爱好是听流行歌的。

例2 所以这政策不是浪费的，而是创造财富的。

例3 时间是无价之宝的。

例4 饥饿是人们因没有吃的东西而死的。

例5 最重要的是改变自己的想法，为了别人让步一下，这也是为了自己的。

例6 我现在能感受到您们对我的爱是有多么的庞大的啊！

例7 我并不是自我吹嘘的。

例8 先谈"流行歌曲是否好的"的问题之前，我们得谈一谈音乐的本质：音乐是什么？

例9 但是一直没有人去抬水的。

例10 因为他通过歌词批评当时社会的一些不足的，而提倡一些社会重要的要求。

例11 由于上述的原因，我们正在经历的代沟问题是产生出来的。

例12 在大学念书时，我的成绩是中等以上的。

例13 昨天，我在英语学院报了托福课，这门课是从五月份开始的。

例1很明显是一个判断句，对"有些人"的爱好进行判断，所以不能用"是……的"句，应该用"是"字句，可以修改成"……其中有些人的爱好是听流行歌曲"。

例2也是一种很常见的"是……的"句泛化。在"不是……而是……"这个结构中，"是"很明显是判断动词，因此也不能使用"是……的"句，只能用"是"字句，可以修改成"所以这政策不是浪费，而是创造财富"。

例3是另外一种"是……的"句偏误。"是……的"句（二）表示"评议、叙述或描写"，因此"是"和"的"中间一定不能是名词性词语，只能是谓词性词语，所以这个句子不能用"是……的"句，可以改成"是"字句。

例4一看就是在下定义，而下定义当然是用"是"字句而不能用"是……的"句。可以修改成"饥饿是人们因没有吃的东西而死去"。（这里不考虑定义本身的错误）

例5里的"为了"表明句子是为了说明目的，这时只能用"是"字句，不能用"是……的"句。可以修改成"……这也是为了自己"。

例6是另一种常见的泛化，即感叹句用"是……的"句。"是……的"句（二）"多用来表示说话人对主语的评议、叙述或描写，全句往往带有一种说明情况、阐述道理，想使听话人接受或信服的肯定语气"，因此不能用在感叹句里。可以将句子修改成"我现在能感受到，你们对我的爱是多么伟大啊"。

例7用了"并"来强化否定的语气，而"是……的"句（二）全句总是具有肯定的语气，所以这里不能用"是……的"句（二），可以修改成"我并不是自我吹嘘"。

例8也是因对"是……的"句（二）的肯定语气不了解造成的。"是……的"句（二）全句语气非常肯定，所以不能用在正反问中。可以修改为"流行歌曲是否好"。

例9到例13都是片面地理解了"是……的"句（一）的"过去"或"完成"这个特点而造成的偏误。

例9原文是谈对"三个和尚没水喝"的看法，虽然这是一个故事，发生在过去，但并没有对比焦点，所以不能用"是……的"句（一），可以修改成"但是一直没有人去抬水"。

例10原文是介绍以前的一名韩国歌手，虽然也是发生在过去的事情，但是信息焦点是其所做的事情，在这种情况下，不应该用"是……的"句（一）。可以修改为"因为他通过歌词批评当时社会的一些不足，……"。

例11 原文是在讨论代沟问题，虽然代沟问题已经产生，属于完成状态，但动作本身属于语义焦点，这时候应该用"了"，可以修改为"由于上述的原因，我们正在经历的代沟问题就产生出来了"。

例12 也是因为误以为只要是过去就可以用"是……的"句（一）而带来的泛化，可以修改成"在大学念书时，我的成绩是中等以上"。

例13 中虽然有"昨天"，但托福课开课却不在过去，而是在以后，所以不能用"是……的"句（一），可以修改成"昨天，我在英语学院报了托福课，这门课从五月份开始"。

2. 缺漏偏误

一般语法书或教材在介绍"是……的"句时，常常提到"是……的"句（一）可以省略"是"字，"是……的"句（二）可以同时省略"是"和"的"。但对什么时候一定不能省略、什么时候一定能省略却语焉不详，容易造成学习者使用"是……的"句时出现"是"或"的"的缺漏偏误。比如：

例1 但孩子的能力也有限的。

例2 每一个人，特别是那些患者深深地体会到了健康的重要，健康不能用金钱代替的。

例3 因为这个规定意味着现在能抽烟的地方越来越少了，对吸烟者来说，非常麻烦的。

例4 我很相信现在的科学技术，一定以后出来的农产品都是利于健康。

例5 无论化肥对人们身体的影响也不可轻视的，但是饥饿的问题是要首先解决。

例1是一种非常常见的"是"字缺漏偏误，即当"是"前面有副词的时候，"是"是不能省略的。可以修改为"但孩子的能力也是有限的"。

例2是另一种经常不省"是"的情况，即当主语是受事时，尤其是在书面语中，这种情况几乎都不能省"是"。可以修改为"……健康是不能用金钱代替的"。

例3不但省略了"是"，而且省略了主语，这在书面语中基本都是不行的。可以修改为"……对吸烟者来说，这是非常麻烦的"。

例4和例5都属于省略"的"字的偏误，很可能是因学习者不完全了解"是……的"句的结构或者一时疏忽造成的。"是……的"句（二）不能单独省略"的"，所以这两个例句都应该在句末加上"的"字。

3. 内部偏误

（1）错序，即"是"字的语序错误。比如：

例1 现在，我觉得学汉语是还算有意思的。

例2 在这种角度来讲，我是对安乐死这一问题赞同的。

例3 这样一个挫折，有的人把它变成绝望，有的人呢变成成功，这是我认为个人的力量而所决定的。

例4 人的本性是都一样的。

上面基本上都是"是……的"句（二）的偏误。"是……的"句（二）用来表达说话者的"评议、叙述、描写"，因此，评议、叙述、描写的内容才是语义焦点，而"是"是用来指明语义焦点的，因此应该紧靠在语义焦点的前面。例1可以修改为"现在我觉得学汉语还算是有意思的"。例2可以修改为"……我对安乐死这一问题是赞同的"。例3可以修改为"……我认为这是由个人的力量所决定的"。例4可以修改为"人的本性都是一样的"。这样修改以后，语义焦点就非常清楚了。

（2）否定不当。此类偏误也基本都出现在"是……的"句（二）中。"是……的"句（二）全句带有肯定语气，因此其否定形式一般是在"是"和"的"中间，但全句还保留着肯定语气。如果不太理解这一点，就容易造成否定不当。比如：

例5 没有了生命，什么都不是重要的。

例6 他们都不是愿意发生这一些事情的，就是地理环境不同，而其他原因下这样过日子的。

例5应该改成"没有了生命，什么都是不重要的"。例6应该改成"他们都是不愿意发生这一些事情的，只是因为地理环境不同以及其他原因而不得不这样过日子"。

（3）其他内部偏误。比如：

例7 但有人觉得只要自己吃得饱就行了，不管别人，这种想法是太片面、太自私的。

例8 天下父母哪有不为子女好的呢？他们的用心是良苦的。

例7属于杂糅造成的内部偏误，作者又想说"这种想法太片面了、太自私了"，又想说"这种想法是片面的、自私的"，结果就杂糅到一起了，只需其中一种表达方法即可。

例 8 是对"用心良苦"这个固定短语的误用造成的，可以改成"……他们是用心良苦的"。

（三）"是……的"句各句式的习得情况

在统计"是……的"句各句式的习得情况时，我们首先排除了"泛化"用例，因为这些都属于不应该使用"是……的"句的情况。在剩下的使用"是……的"句的所有用例中，包括正确的和错误的，一共有 607 例，其中"是……的"句（一）有 82 例，"是……的"句（二）有 525 例。各类"是……的"句的使用频率和习得情况如表 3 所示：

表 3　"是……的"句各句式的使用频率及习得情况①

类别	数量	占比（%）	使用频率（用例/万字）	正确用例	正确率（%）
"是……的"句（一）	82	13. 51	3. 44	67	81. 71
S1 状	66	10. 87	2. 77	55	83. 33
S2 施	16	2. 64	0. 67	12	75. 00
S3 主	0		0	—	—
S4 受	0		0	—	—
S5 因	0		0	—	—
"是……的"句（二）	525	86. 49	22. 02	404	76. 95
S6 能愿	89	14. 66	3. 73	52	58. 43
S7 可能	12	1. 98	0. 50	11	91. 67
S8 形短（副＋形）	104	17. 13	4. 36	95	91. 35
S9 其他短	167	27. 51	7. 01	121	72. 46
S10 词	153	25. 21	6. 42	125	81. 7

就两种句式的使用频率来看，基本同汉语母语者使用情况相当。据易平平（2008）对汉语母语者 40. 60 万字口语材料和 105. 92 万字的书面语材料的考察，两种"是……的"句的使用频率如表 4 所示②：

---

① 表中"占比"是各句式的用例数同总用例数（607）的比例。"使用频率"计算所用的分母是从 HSK 语料库中选取的韩国高级汉语水平学生的作文的总字数，共 23. 838 6 万字。

② 易平平. "是……的"结构中"是"、"的"隐现考察［D］. 北京：北京语言大学，2008：12.

表4

句式	语体	总字数（万字）	用例（句）	句/万字
"是……的"句（一）	口语	40.6	359	8.84
	书面语	105.92	531	5.01
"是……的"句（二）	口语	40.6	478	11.77
	书面语	105.92	862	8.14

对比该表格的数据，似乎韩国考生使用"是……的"句（一）频率过低而使用"是……的"句（二）频率过高，但实际并非如此。易平平还进一步细分了不同语体的"是……的"句（二）的使用情况，考察结果如表5所示①：

表5

细分语体	总字数（万）	总用例数	用例/万字
访谈实录	14.01	319	22.77
话剧剧本	6.31	9	1.43
电视剧剧本	20.28	148	7.3
小说	137.11	215	5.79
散文	24.27	297	12.24
议论性文体	19.91	272	13.66
说明性问题	24.63	78	3.17

关于"是……的"句（二），易平平得出结论说："当我们要论证某个问题，希望对方接受我们的观点和看法的时候，我们会较多地用到'是……的'以表明我们对某个事实、某种可能性、必然性或某种属性的深信不疑。"② 本文的语料来源全部是留学生参加高等 HSK 考试时写的作文，而作文题目如：如何看待安乐死、如何解决"代沟"问题、由"三个和尚没水喝"想到的……、绿色食品与饥饿、吸烟对个人健康和公众利益的影响、我看流行歌曲、关于用自然之声取代噪声的建议、学习汉语的苦与乐等，属于典型的议

---

① 易平平．"是……的"结构中"是"、"的"隐现考察［D］．北京：北京语言大学，2008：26．
② 易平平．"是……的"结构中"是"、"的"隐现考察［D］．北京：北京语言大学，2008：26．

论性语体。虽然也有记对我影响最大的一个人、记我的父亲等记叙性的语体，但相对少很多。易平平（2008）的语料来源之一"访谈实录"，其内容也都属于议论性的，访谈对象主要就某个话题展开讨论，谈个人的看法，话题基本上等同于我们前面所列的那些作文题，因此，本文语料中"是……的"句（二）出现的频率22.02（用例/万字）同易平平统计的访谈实录中"是……的"句（二）出现的频率22.77（用例/万字）几乎惊人地一致。

而"是……的"句（一）最常用的语境就是故事叙述，因此最接近话剧剧本、电视剧剧本和小说，本文统计出来的频率3.44（用例/万字）也极其接近这三者的平均值。所以，总的来说，高级水平韩国汉语学习者的"是……的"句的使用频率非常接近于汉语母语使用者。

就正确率来说，习得情况最好的下位句式是"S7可能"和"S8形短"，正确率都达到90%以上；习得情况最不理想的是"S6能愿"。而"S3主"、"S4受"和"S5因"使用频率为零，也就谈不上什么正确率。

除了使用频率为零的三个句式外，各句式具体的偏误情况举例分析如下：

1. "S1状"

正确用例比如：

例1　不知你们是怎么过5月8日——父母节的。

例2　妈妈就是这样教我的。

例3　我是在台湾出生、长大的。

例4　我是韩国外国语大学中文系毕业的。

偏误用例比如：

例5　但这些农产品，大多数通过使用污染物质生产的。

例6　我是从小就在一个家庭教育非常严格的农村长大的。

例5属于缺漏偏误，可以修改为"但这些农产品，大多数是通过使用污染物质生产的"。例6属于错序偏误，"是"字的语序错误，可以修改为"我从小就是在一个教育非常严格的农村家庭长大的"。

2. "S2施"

正确用例比如：

例7　不只是机械，所有的东西都是他们制造、发明的。

例8　韩国一个大明星得了肺癌，当然是吸烟的嗜好引起的。

例9　这件事是前几年妈妈告诉我的。

偏误用例比如：

例10 这样一个挫折，有的人把它变成绝望，有的人呢变成成功，这是我认为个人的力量而所决定的。

例11 ……这一系列的后果都是被它造成的。不过这样的原因也我们自己做的。

例10 属于错序偏误，可以修改成"……我认为这是个人的力量而所决定的"。例11 属于其他偏误，具体来说就是同"被"字句杂糅到一起了，可以修改为"……这一系列的后果都是它造成的……"。

3. "S6 能愿"

正确用例比如：

例12 但是过一段时间这些现象是可以克服的。

例13 一般的食品，还是可以食用的，对生命没有多大的影响。

例14 所以"绿色食品"和饥饿问题是应该一起解决的。

例15 多元化的社会对他们来说，也是不能忽视的。

偏误用例比如：

例16 所谓"绿色食品"在市场很受欢迎的现象也可以了解的。

例17 他们经过了人生的风风雨雨，许多坎坷，所以肯定有不少宝贵的经验。他们观察这个世界的眼睛会是更明亮的，但是……

例18 ……这些因为科技的发展产生出来的，应该通过科技来解决，这是科学应该为人们服务的，人类把科学发展的目的就是为了生活方便。

例16 属于缺漏偏误，少了"是"字，可以修改为"所谓'绿色食品'在市场是很受欢迎的，现象也是可以了解的"。例17 属于错序偏误，可以修改为"……他们观察这个世界的眼睛是会更明亮的……"。例18 属于其他内部偏误，造成偏误的原因是杂糅，作者又想说"……这些因为科技的发展产生出来的，应该通过科技来解决，这是科学应该为人们服务的地方"，又想说"这些因为科技的发展产生出来的，应该通过科技来解决，科学是应该为人们服务的"，结果就杂糅到一起了，可以修改为这两句中的任意一句。

4. "S7 可能"

正确用例比如：

例19 而且它是跟得上我们这个社会的。

例20 通过一方的单向努力是绝对解决不了的。

例 21　可是我觉得这么做是解决不了根本问题的。

偏误用例比如：

例 22　这样流行歌曲与现代人们不能离开的。

该类用例很少，偏误也只发现这一例，属于缺漏"是"字的偏误，可以修改成"这样流行歌曲与现代人们是离不开的"。

5. "S8 形短"

这一类用例里，所有的形容词短语都是"副词＋形容词"结构，占比比较高，而且习得情况也非常理想，偏误率非常低。正确用例比如：

例 23　我认为健康是最重要的。

例 24　汽车的喇叭是很刺耳的。

例 25　这青少年吸烟问题也是挺严重的。

偏误用例比如：

例 26　这种情况下，先研究减少化肥的新技术可以讲最重要的。

例 27　现在，我觉得学汉语是还算有意思的。

例 28　近来，代沟的问题简直是很严重的，所以已经成为再不能放弃的社会问题了。

例 26 属于缺漏偏误，少了"是"字，可以修改成"这种情况下，先研究减少化肥的新技术可以讲是最重要的"。例 27 属于错序偏误，"是"的位置不妥，可以修改为"现在，我觉得学汉语还算是有意思的"。例 28 属于其他偏误，具体来说就是杂糅，可以修改为"代沟的问题简直太严重了"或者"代沟的问题是很严重的"，但不能同时在一个句子里说，因为"是……的"句（二）的功能是表明"对某个事实、某种可能性、必然性或某种属性的深信不疑"，而"简直"在这儿用来强调程度，二者的功能无法杂糅到一起。

6. "S9 其他短"

正确用例比如：

例 29　"绿色食品"是有利于健康的，可它的产量远远不如普通的农作物。

例 30　吸烟有害健康，这是众所周知的。

例 31　若父母盲目地拔苗助长，其结果往往是适得其反的。

例 32　名言"失败是成功之母"是我们特别熟悉的。

例 33　但这些歌，普通人是很难学会的。

例34　双方都得互相理解，只认定自己的想法是没有方法解决的。

例35　这样的声音是让人头痛的。

例36　但是我觉得他们却是无情、残忍的。

例37　我想代沟这个问题是无论什么地方、什么时候都存在着的。

可以看出，"是"和"的"中间的短语类型非常丰富，有动宾、主谓、兼语、连动、联合、固定短语等，甚至还有复句。

偏误用例比如：

例38　从小吸烟的话，孩子在精神方面也好，在身体健康方面也好，都绝不利于他们的。

例39　我很相信现在的科学技术，一定以后出来的农产品都是利于健康。

例40　现在世界上还有几亿人因为没有粮食而挨饿，甚至死亡。由于有很多人死亡，产生了成千上万的孤儿，他们也是跟自己的父母一样，那么饿死的。

例41　但有人觉得只要自己吃得饱就行了，不管别人，这种想法是太片面、太自私的。

例38和例39都属于缺漏偏误，前者缺"是"，后者缺"的"，可以分别修改为"从小吸烟的话，孩子在精神方面也好，在身体健康方面也好，都是绝不利于他们的"和"我很相信现在的科学技术，以后出来的农产品一定都是利于健康的"。例40属于错序偏误，"是"的位置不妥，可以修改为"……他们也跟自己的父母一样，是饿死的"。例41属于其他偏误，具体来说属于杂糅，将感叹句"太……了"同"是……的"句杂糅到一起了，这是两种不同功能的句式，不应当出现在同一个句子里。可以修改为"……这种想法太片面了、太自私了"或者"这种想法是片面、自私的"。

7. "S10词"

正确用例比如：

例42　总而言之，生命是高贵的，不能侵犯别人的生命。

例43　那我的弟弟却认为父母为了孩子受苦是应该的。

例44　前一段时间某市政府规定，在公共场所边走边抽烟的人将被罚款。这条规定我是反对的。

例45　所以我的想法是这样的，把绿色食品给那些挨饿的人……

例46　北京的餐厅是一流的。

用在"是……的"句中间的词类是很丰富的，最常用的是形容词，其次是能愿动词，除此之外还有一般动词、代词、区别词等。

偏误用例比如：

例47 总的来说，我们吃绿色食品当然好的。

例48 在烟盒上也写着：吸烟是对健康有害的。

例49 没有了生命，什么都不是重要的。

例50 应该先解决挨饿问题，后提高食品质量是正确的。

例47属于缺漏偏误，少了"是"，可以修改为"总的来说，我们吃绿色食品当然是好的"。例48属于错序偏误，"是"的位置不妥，可以改为"在烟盒上也写着：吸烟对健康是有害的"。例49属于否定不当，可以修改为"没有了生命，什么都是不重要的"。例50属于其他偏误，具体来说属于杂糅，把"先……，然后……"这个句式同"是……的"句杂糅到一起了，可以改为"应该先解决挨饿问题，后提高食品质量，这才是正确的"。

四、对"是……的"句教学的启示

通过前述对"是……的"句使用情况的统计和分析，对于"是……的"句的对外汉语教学，我们得到如下启示：

第一，加强教学同研究的结合，尤其要注重将"是……的"句的本体研究和偏误分析相结合的研究。在对大规模中介语语料库进行大量分析的过程中，我们发现很多偏误凭语感可以很容易发现，但要是解释清楚为什么这样不行、那样不好，是非常困难的。比如，很多本体研究者都指出"是……的"句（一）常常可以省略"是"字，"是……的"句（二）常常可以同时省略"是"和"的"字，但"常常""一般""可以"这些词不具有可操作性，学生听了以后还是无法明白什么时候可以省略、什么时候不能省略。要能简单易懂地解释清楚"是……的"句的使用情景、省略条件，需要同时结合大规模的母语语料库和中介语语料库，找出其中可操作性的规律。目前已经有人在做这样的工作，如侯颖（2004）、谢福（2008）、易平平（2008）、张威（2016）等，研究成果也非常具有参考价值，但还有很长的路要走，期待能进行基于更大语料库的统计分析，也期待更有说服力和可操作性的研究结果出现，并应用到"是……的"句的教学实践中去。

第二，更科学地编排"是……的"句的讲与练。对于"是……的"句

（一）和"是……的"句（二）及二者的各下位句式应如何安排教学顺序、如何讲解、如何练习，在教学实践中尚待进一步的研究，以期更加科学。从教材的角度来说，以目前最为流行的对外汉语教材《汉语教程》为例，在第二册专门有一课对"是……的"句（一）的下位句式"S1 状"进行讲练。"S1 状"是最常见的"是……的"句（一）下位句式，安排在这里学习是非常合适的。但经统计更为常用的"是……的"句（二）却迟迟没有安排专门的学习，不能不说是一个遗憾，对选取该教材进行汉语学习的学生来说，很显然会直接影响到他们对"是……的"句（二）及时而正确地习得。

　　第三，在语境中教学"是……的"句。在统计分析中介语语料库的过程中我们发现，对于很多句子到底是不是"是……的"句、属于哪种"是……的"句、该"是……的"句的使用是正确的还是错误的，很多时候只看句子本身是不行的，需要看原始语料，在充分弄明白了表达者的意思后才能辨别。这也给我们一个启示：在进行"是……的"句的教学时，也应该结合语境进行，不能只给孤零零的句子，否则学生很难深刻体会到"是……的"句的实际功能和使用情景。比如"是……的"句（一），必须有先行的已然的事情，否则无法使用"是……的"句（一）；"是……的"句（二）的使用"涉及三大范畴，即事件属性范畴、状态属性范畴和评议范畴，其中事件和状态是客观的，而评议是主观的，不管是客观性范畴的东西，还是主观性范畴的东西，'是……的'都表现出增强事实确定性的功能，话语主体在运用'是……的'结构时都表明了自己对自己的论断深信不疑的态度"[①]，而要让学生明白这些，就必须结合语境来进行教学。

参考文献：

　　［1］侯颖．"是……的"结构的语义角色及其焦点指派［D］．北京：北京语言大学，2004.

　　［2］刘迪．日韩留学生的"是……的"句的习得偏误研究：基于 HSK 动态作文语料库［D］．哈尔滨：黑龙江大学，2012.

　　［3］刘珂情．语境因素与"是……的"句句义关系［D］．成都：四川师范大学，2012.

---

① 易平平．"是……的"结构中"是"、"的"隐现考察［D］．北京：北京语言大学，2008：29.

［4］刘月华，潘文娱，故韡．实用现代汉语语法：增订本［M］．北京：商务印书馆，2001．

［5］陆俭明，马真．现代虚词散论［M］．北京：北京大学出版社，1985．

［6］吕必松．关于"是……的"结构的几个问题［J］．语言教学与研究，1982（4）．

［7］吕叔湘．现代汉语八百词：增订本［M］．北京：商务印书馆，2007．

［8］牛秀兰．关于"是……的"结构句的宾语位置问题［J］．世界汉语教学，1991（3）．

［9］齐沪扬，张秋杭．"是……的"句研究述评［J］．广播电视大学学报：哲学社会科学版，2005（4）．

［10］施家炜．外国留学生22类现代汉语句式的习得顺序研究［J］．世界汉语教学，1998（4）．

［11］石毓智．论判断、焦点、强调与对比之关系："是"的语法功能和使用条件［J］．语言研究，2005（4）．

［12］王还．对外汉语教学语法大纲［M］．北京：北京语言学院出版社，1995．

［13］谢福．基于语料库的留学生"是……的"句习得研究［J］．语言教学与研究，2010（2）．

［14］谢福．外国学生"是……的"句的习得研究［D］．上海：上海师范大学，2008．

［15］杨寄洲．汉语教程［M］．北京：北京语言大学出版社，2006．

［16］杨石泉．"是……的"句质疑［J］．中国语文，1997（6）．

［17］易平平．"是……的"结构中"是"、"的"隐现考察［D］．北京：北京语言大学，2011：51．

［18］尹炳兰．"是……的"句话语分析［D］．南京：南京师范大学，2016．

［19］张宝林．"是……的"句的歧义现象分析［J］．世界汉语教学，1994（1）．

［20］张宝林．基于语料库的外国人汉语句式习得研究［M］．北京：中国书籍出版社，2014．

［21］张威．基于语料库的现代汉语表示判断意义"是……的"句式发展及动因探究［J］．外语与外语教学，2016（5）．

［22］赵淑华．关于"是……的"句［J］．语言教学与研究，1979（1）．

［23］朱德熙．语法问答［M］．北京：商务印书馆，1985．

8 韩国留学生动态助词"着"习得发展研究

赵 睿

摘要： 考察中介语语料库中韩国初、中、高级留学生动态助词"着"的用例，与国人语料对比分析，本文发现韩国留学生"着"的书面输出总体少于国人，A式、B式使用比例低于国人，C式到G式高于国人，C式的过度使用情况最为严重；韩国留学生使用C式、A式最频繁，合计达80%以上，其他各式使用占比都在9%以内；韩国留学生A式到G各句式的习得等级为：D式难度最低，习得最早；A式正确率级差不明显，习得也很顺畅；B式、F式排名三四；C式、G式位列五六；E式结构和认知难度都很高，居末位。

关键词： 动态助词"着"习得

一、引言

现代汉语的动态助词"着"（以下简称"着"）是汉语本体研究和对外汉语教学研究的热点，也是外国人学习汉语的难点。韩国留学生"着"的习得研究已经有了一些成果，薛晶晶（2003）、刘瑜（2010）、卞知美（2012）就韩国留学生"着"的使用情况做了针对性的考察，分别提取北京语言大学、中山大学和复旦大学语料库中"着"的用例，分析了"着"的习得情况、偏误类型和原因。

薛晶晶认为，韩国留学生"着"的习得分为三个阶段。对于"着"的位置，第一阶段模棱两可，第二、三阶段是基本掌握、完全掌握。第一阶段对"状态的持续"理解较快，但将"持续"义部分地和母语的"现在时"及"进行"义等同，第二阶段则已可区分，偶尔会有混淆。第二、三阶段，还存

作者简介：赵睿（1974年生），首都经济贸易大学国际学院讲师，研究方向：汉语本体，习得、教学法。

在规则泛化和与相似结构混淆的问题，但随语言水平提高情况有所好转。

刘瑜发现，韩国留学生"V着"总体使用频率偏低，接近国人口语表达习惯。在简式"V着（Np）"、连动式"V1着V2"、存在句、重叠式"V1着V1着，V2"四类句式中，简式用得最频繁，其次是连动式和存在式。句式习得经历了从并列结构到镶嵌结构发展的过程，存在句学得最好、最稳定；连动式习得不太稳定；重叠式习得不理想；在日常语言输入频率和教材选例动词范围的影响下，带宾语的简式"V着"句用得多且好。

卞知美对比分析了七类句式的中介语和目的语的输出百分比，认为E类的过度使用和A类的回避使用现象十分严重。韩国留学生"着"前"动词"比较单一，且表达具体意义的动词比表达抽象意义的动词多。

尽管韩国留学生"着"的习得研究取得了一些成果，但仍然存在一些问题。其中主要问题是，其一，语料规模不够大，用例比较少；其二，有的语料不同质，来源不同；其三，不分级别，把不同水平的语料放在一起进行考察，抹杀了不同阶段的习得特点；其四，主要是静态描写，缺乏从发展的角度来考察习得的实践。

鉴于此，本文基于对北京大学对外汉语教育学院的韩国留学生中介语语料库的语料统计，通过与国人"着"的使用情况进行对比，对韩国留学生动态助词"着"的习得情况进行全面考察和分析。

二、韩国留学生"着"的习得情况

（一）考察的句式

吕叔湘（1999）将动态助词"着"的用法分为六大类九小类，对"着"的描述详尽，影响深远。我们以此为基础，合并为以下六个句式：

A式：S＋V着＋O。如：他穿着一件新衣服。

B式：S＋（状）＋V着。如：雨不停地下着。

C式：S＋V1着（＋O1）＋V2（＋O2）。如：他握着我的手说。

D式：处所词＋V着＋O。如：墙上挂着一张画。

E式：S1＋V1着＋O，S2＋V2。如：我们正说着话，老师进来了。

F式：（S＋）V1着＋V1着，（S＋）V2。如：走着走着，他突然想起一件事来。

在对语料库进行统计的过程中，"V着"做定语的数量很多，偏误类型也很典型，因此增加了 G 式：V＋着＋的＋N。如：我背着的包多重啊！

下面我们以 A 式到 G 式七个句式为线索，来考察"着"的习得情况。

（二）韩国学生"着"的使用情况与国人的对比

北京大学对外汉语教育学院韩国留学生中介语语料库收集了 2011 年到 2013 年分班测试、平时作业等看图作文材料，共 642 篇 307 775 字，其中初级语料 192 篇 90 058 字，中级语料 231 篇 110 187 字，高级语料 219 篇 107 530 字。我们从 30 余万字的语料中剔除了不在本研究范围内的"着"句式（我还忙着呢）6 个、"着"做结果补语（睡着、摸不着）、固化成词（随着、接着）或者习用语（等着瞧、这么着）130 个，提取了上述 A 式到 G 式句式用例 1 805 例，其中初级 405 例，约占初级语料字数的 0.45%；中级 663 例，约占中级语料字数的 0.6%；高级 737 例，约占高级语料字数的 0.69%。随着汉语水平的提高，韩国学生使用"着"的数量也在增加。为了了解韩国学生使用"着"的多寡，我们考察了与其语言水平相仿的中国初中生优秀作文。国人作文语料共 175 篇，合计 128 094 字，除去 41 例"着"作结果补语、固化成词和习用语以及 2 例其他句式，共得到动态助词"着"的用例 775 例，约占总语料的 0.61%。国人和韩国学生使用"着"的情况如表 1 所示。

表 1　国人语料和中介语语料中"着"的用例及使用频率

	国人语料	中介语语料			
		初级	中级	高级	总计
用例	775	405	663	737	1 805
字数	128 094	90 058	110 187	107 530	307 775
使用频率（%）	0.61	0.45	0.60	0.69	0.59

表 1 中显示，初级阶段，韩国留学生"着"的使用频率比国人少 0.16 个百分点，中级阶段与国人基本持平，高级阶段比国人高出 0.08 个百分点，但总体上来看，韩国学生使用"着"的频率要比国人低 0.02%，但远没有刘瑜（2010）描述的"（韩国留学生）四学期'V 着'使用频率只有 0.3%，低于国人书面表达中的使用频率 0.83%"的差异大。

为了了解韩国留学生各句式的习得情况，我们对国人和中介语语料中的各句式用例个数及在总用例中的使用比例进行了统计，具体情况见表 2 所示。

表2　国人和中介语语料各句式用例及使用比例

	国人语料		中介语语料		国人和中介语比例之差
	用例	使用比例（%）	用例	使用比例（%）	
A式	462	59.6	615	34.1	25.5
B式	126	16.3	128	7.1	9.2
C式	145	18.7	868	48.1	−29.4
D式	28	3.6	119	6.6	−3.0
E式	0	0.0	5	0.3	−0.3
F式	2	0.3	30	1.7	−1.4
G式	12	1.5	40	2.2	−0.7
合计	775	100.0	1 805	100.0	0.0

　　不难看出，韩国留学生使用A式、B式的比例明显少于国人，但C式的使用远远高过国人，D式和F式比例之差并不大，只有3%和1.4%，但基于本来就不高的国人使用比例，差距是相当大的，E式和G式的使用比例略高于国人，不到1个百分点。

　　北京大学的中介语语料库是由初、中、高三个级别的韩国学习者的作文构成的，是从初级向目的语逐渐靠拢的，理想状态是越来越接近国人的使用习惯。因此，若中介语的使用频率高于国人，就有过度使用之嫌；若中介语的使用频率低于国人，则有回避使用的可能。但此种判断只是一种猜测或者推论，没有对语料库具体的描写，谁也无法说清是过度还是回避。但中介语和国人"着"的"使用频率之差越高，中介语中的'过度使用'和'回避使用'的程度越大"（卞知美，2012）。

　　韩国留学生"着"的书面输出总体少于国人，证明对动态助词"着"还处于习得的动态过程中。A式B式两个句式使用频率低于国人，可能存在回避使用"着"的情况。C式到G式使用比例高于国人，可能存在过度使用"着"的情况，其中，C式的过度使用情况最严重。

　　（三）初、中、高级各阶段各句式使用比例及排序分析

　　我们统计了各句式在各阶段的用例，计算出了每个句式在初、中、高级各阶段总用例中的使用比例，具体情况如表3所示。

表3   初、中、高级各阶段各句式的用例及使用比例

	初级			中级			高级		
	用例	比例（%）	排序	用例	比例（%）	排序	用例	比例（%）	排序
A式	124	30.6	2	239	36.0	2	267	36.2	2
B式	26	6.4	3	41	6.2	3	61	8.3	4
C式	223	55.1	1	322	48.6	1	323	43.8	1
D式	22	5.4	4	35	5.3	4	62	8.4	3
E式	0	0.0	6	2	0.3	7	3	0.4	7
F式	5	1.2	5	13	2.0	5	12	1.6	6
G式	5	1.2	5	11	1.7	6	24	3.3	5
合计	405			663			737		

从表3中可以看出，初级阶段各句式使用比例由高到低分别是：C式＞A式＞B式＞D式＞F式＝G式＞E式；中级阶段为：C式＞A式＞B式＞D式＞F式＞G式＞E式；高级阶段为：C式＞A式＞D式＞B式＞G式＞F式＞E式。初、中、高级各阶段不同句式的使用比例排序大体一致。在中级阶段除了F式的使用比G式高了0.3%以外，排序与初级阶段是相同的。高级阶段B式和D式的使用比例排序与初、中级阶段相反，但是D式比B式也仅高了0.1%，可以视为数量相当；再者，对于G式的使用，高级阶段比初、中级阶段呈翻倍增长，因此排序提前到了第五位。

从表3还可以看出，不论水平高低，各阶段的留学生对C式的使用，比例均接近或超过半数。排在第二位的是A式，在1/3上下。C式和A式为第一梯队，占各阶段总用例数目的80%以上，其他句式的使用比例则急速下滑。排在第二梯队的是B式、D式、F式、G式，在1.2%到8.3%，各阶段对B式和D式的使用比例相对接近，各阶段对F式和G式的使用也相差无几。使用频率最低的是E式，中、高级阶段都不到0.5%，初级阶段甚至无此用例。

这不同于其他学者对韩国留学生、东南亚留学生"着"的习得考察结果，刘瑜（2010）指出，韩国留学生的对"简式'V着'使用最为频繁，平均使用率为48.4%"。丁雪欢、曹莉敏（2014）发现，东南亚留学生使用频率高的是基本句（49%），简式和基本句相当于我们的A式和B式。

沙克特（Schachter，1974）的研究也从另一个角度证明了这点，学生通常会尽量少用或回避使用陌生和较难的句式，结果就是偏误率减少，正确率升高。因此，使用比例的分析对综合考察习得难度和顺序是必不可少的因素。

（四）初、中、高级各阶段各句式习得发展分析

为了解决语料分布不均且有些样本容量不足的问题，使数据更具可比性（施家炜，1998），我们统计出了初、中、高各阶段各句式的正确率，并按正确率的高低进行了排序（表4）。

表4　初、中、高级各阶段各句式的正确用例及正确率

	初级			中级			高级		
	正确用例	正确率（％）	排序	正确用例	正确率（％）	排序	正确用例	正确率（％）	排序
A 式	105	84.7	2	211	88.3	2	228	90.5	3
B 式	18	69.2	3	28	68.3	5	56	91.8	1
C 式	152	68.2	4	273	84.8	3	272	84.2	5
D 式	21	95.5	1	31	88.6	1	56	90.3	4
E 式	0	0.0	7	1	50.0	7	2	66.7	7
F 式	3	60.0	5	8	61.5	6	11	91.7	2
G 式	3	60.0	5	9	81.8	4	20	83.3	6
合计	303	74.6		561	84.8		645	87.7	

1. 初、中、高级各阶段正确率分析

初级阶段各句式按照正确率由高到低排序结果是：D 式 > A 式 > B 式 > C 式 > F 式 = G 式 > E 式。D 式正确率最高，A 式用得也不错。B 式和 C 式正确率不到70％，C 式更是差强人意。对比初级阶段使用比例序列（C 式 > A 式 > B 式 > D 式 > F 式 = G 式 > E 式），我们发现，C 的使用比例最高，用得多，错得也多，因此正确率偏低，这个表现符合我们上述对使用比例的分析。其他三个句式使用比例和正确率排序完全吻合。

中级阶段各句式按照正确率由高到低排序结果是：D 式 > A 式 > C 式 > G 式 > B 式 > F 式 > E 式。从正确率上来看，D 式、A 式、C 式和 G 式掌握相对较好，正确率均在81％～89％。按照正确率在80％以上就

掌握了的标准（施家炜，1998），上述四式都已经达标。与初级阶段相比，D 式和 A 式表现稳定，C 式和 G 式的正确率大幅提升，说明随着汉语水平的提高，对句式的掌握也越来越好。B 式正确率不升反降，说明习得情况没有改观。

高级阶段各句式按照正确率由高到低排序结果是：B 式 > F 式 > A 式 > D 式 > C 式 > G 式 > E 式。不难看出，高级阶段各句式的正确率排序与初、中级阶段都不同，初、中级阶段正确率最高的是 D 式，而高级阶段最高的是 B 式，B 式在前两个阶段分别排在第三位和第五位；高级阶段正确率排在第二位的是 F 式，而初、中级阶段排在第二位的是 A 式，F 式在初、中级阶段分别排在第五和第六位。虽然排序有很大的不同，但从正确率具体数值来看，从排在第一位的 B 式到排在第四位的 D 式都达到了 90% 以上，即使排在第五位和第六位的 C 式和 G 式也还保持在 83% 以上的高位，按照正确在 80% 以上就掌握了的标准（施家炜，1998），说明高级阶段除了 E 式以外的六个句式都掌握了。与初、中级阶段相同的是，高级阶段 E 式的正确率也最低。

鲍尔曼（Bowerman，1982）、麦克劳克林（McLaughlin，1990）等学者认为，习得过程是一个 U 形曲线（U－shaped）。最初学习阶段，因语法规则被反复强调，正确率较高；学习后 1 ~ 2 个月起，因规则泛化且与其他语法项目混淆，正确率明显降低；学习约 1 年半之后开始，通过不断比较和练习，正确率大幅攀升。随着学时的增长，正确率应该画出"高－低－高"的"倒钟"形状。

从正确率的折线图观察，初、中、高级各阶段的总体正确率，A 式、C 式、G 式呈现从初级阶段向高级阶段逐级递增的趋势，初级阶段到中级阶段有 10% ~ 20% 的升幅，中级阶段到高级阶段则增幅甚微（图 1）。E 式和 F 式的正确率也在递增，但是从中级阶段到高级阶段大幅提升，F 式达 30%（图 2）。D 式虽是 U 形折线但并不完整，U 形的末端没有达到相应的高度，高级阶段正确率仍低于初级阶段 5 个百分点（图 3）。只有 B 式呈现出习得过程 U 形曲线，且中级阶段到高级阶段显著上扬（图 4）。由此可见，不同语言不同语法项目的习得过程远比我们现在认识到的更复杂。

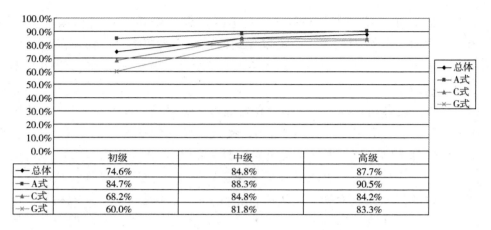

	初级	中级	高级
总体	74.6%	84.8%	87.7%
A式	84.7%	88.3%	90.5%
C式	68.2%	84.8%	84.2%
G式	60.0%	81.8%	83.3%

图1　总体及A式、C式、G式正确使用频率图

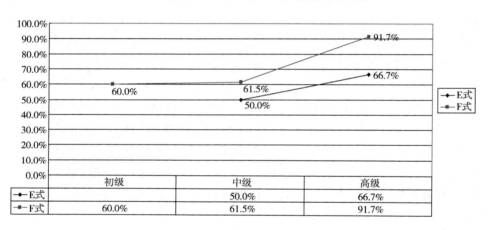

	初级	中级	高级
E式		50.0%	66.7%
F式	60.0%	61.5%	91.7%

图2　E式F式正确使用频率图

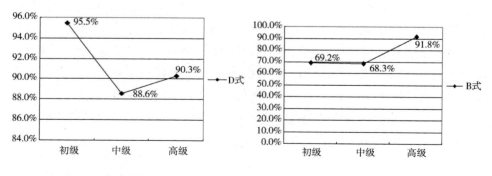

图3　D式正确使用频率图　　　　图4　B式正确使用频率图

2. 各句式习得发展情况

（1）A 式：S + V 着 + O：

初、中、高级各阶段 A 式的使用比例和正确率如表 5 所示。

表 5　A 式的使用频比例和正确率

A 式	初级	中级	高级	均值
使用比例（%）	30.6	36.0	36.2	34.2
正确率（%）	84.7	88.3	90.5	87.8

A 式各阶段的使用比例和正确率都是逐级小幅递增，平均使用频率为 34.2%，平均正确率为 87.8%，初级阶段到高级阶段差距在 5% 以内，在 A 式到 G 式七个句式中两项的排序都在第二位，属于习得较早且较好的句式。原因有两个：从范畴化角度分析，S、V、O 三个句法成分都具备，属于典型；从教材编排来观察，它在许多教材中都出现得最早，练习设计也最充分。

实际上，A 式的习得也不均衡，我们根据宾语的构成做了进一步的统计，结果如表 6 所示。

表 6　初、中、高级各阶段 A 式宾语类型及与国人的对比

	初级		中级		高级		国人	
	用例	比例（%）	用例	比例（%）	用例	比例（%）	用例	比例（%）
O 是 N	45	42.9	65	30.8	68	29.8	138	29.9
O 是 NP	53	50.5	130	61.6	142	62.3	288	62.3
O 是主谓句或复句	7	6.7	16	7.6	18	7.9	36	7.8
合计	105		211		228		462	

从初、中、高级各阶段具体数据的变化趋势来看，宾语是名词的所占比例越来越低，宾语是名词性短语的则呈相反态势，所占比重越来越大，宾语是主谓句或是复句的也在小幅递升，但比例变化不明显。这说明随着学时的增长，复杂句在被更高频地使用。到了中、高级阶段，中介语的三种宾语类型所占比例与国人的差距都在 1% 以内，可以说韩国学生中、高级阶段与国人使用情况基本一致，进一步说明 A 式难度低，习得过程顺利。例如：

例 1　我兴兴奋奋地看着天。（初级）

例2 季明感到它正在讥讽着自己，开始哭起来。（高级）

例3 小王尽管觉得奇怪，但是看着他手里德（的）礼物就失去了判继力（判断力）。（中级）

例4 哥哥揪着弟弟的后领，抬起右臂刚要打弟弟时被路过的陌生看到了。（高级）

例5 小新越来越高兴，等着父亲说后面的内容。（初级）

例6 他想着，如果我进到这个游泳场，肯定游得最好。（高级）

例1、例2的宾语，一个是无生命词"天"，一个是代词"自己"，初级例句是一个主谓句，没有其他成分，高级例句则接了一个后续小句。例3、例4的宾语是名词性短语，中级例句宾语"他手里的礼物"后用"就"连接了一个顺承关系小句，而高级例句的宾语后则有连动小句"抬起右臂刚要打弟弟"做时间状语并和被字句连用。例5的宾语是一个主谓句，例6则是一个条件关系的复句。不仅如此，随着水平的提高，所用词汇等级也在提高，而且多种句式镶嵌套用。

A式在句中一般是谓语成分，但也不乏充当其他成分的例子。据统计，做定语、状语、主语、补语成分的初级1例，中级4例，高级10例，合计15例，占比2.8%。"一边"和"着"同时出现在句中，也占有相当的数量，初级5例，中级13例，高级26个，合计44例，占比12.4%。例如：

例7 看这只挺着将军肚的老鼠。（中级）

例8 没有比家安全的地方，还是在家看着电视更好！（中级）

例9 这是什么草呀？长得像老人低（弯）着腰似的。（高级）

例10 她正在分享着苦苦得（的）孤独感时，忽然听到敲门的声音。（高级）

例11 它（老鼠）一边挠着下巴，一边盯着麦秆琢磨。（中级）

例12 "到底他为什么送我这些东西了呢？难道他在耍我吗？"看着设置好的羽毛球网，看着我手上的一把羽毛球排（拍）子，我更加阻（沮）丧。（高级）

例7"挺着将军肚"做定语，例8"在家看着电视"做主语，例9"老人低着腰"作补语，例10"她正在分享着苦苦得（的）孤独感"作状语，例7、例9、例11还运用了拟人的修辞手法，例11是"一边"和"着"同用的例子，而且第二个"一边"之后还运用了C式"盯着麦秆琢磨"，例12是排比句。在上述例句中，A式不仅充当了除了谓语的其他句子成分，而且还恰当地运用了拟人、比喻、排比等修辞手法，使句子显得更加生动、更加书面化、更加有表现力。

当然，韩国留学生对于A式尚未达到灵活使用的地步，国人使用A式充当除谓语外的其他成分的为28例，占比6%，对排比句式的使用在国人当中也非常突出，达到了78个，占比16.8%。

总体来看，A式在初、中、高级各阶段的准确率、复杂度、丰富性都是逐级递升的，级差不显著，习得过程不曲折。

（2）B式：S+（状）+V着：

初、中、高级各阶段B式的使用比例和正确率如表7所示。

表7　B式的使用比例和正确率

B式	初级	中级	高级	均值
使用比例（%）	6.4	6.2	8.3	7.0
正确率（%）	69.2	68.3	91.8	76.4

表7中显示，B式使用比例不高，均值只有7%，初、中级阶段变化不大，高级阶段也仅提高了2%，这比刘瑜（2010）对韩国留学生语料库的统计"不带宾语的简式'V着'使用率占31.8%（表3）"低得多。实际上，"S+（状）+V着"国人使用比例也仅有16.3%。

有一个客观原因，语料库中部分作文是看图说话性质，以两三个人物或动物为中心展开故事，情节推动明显，学生更倾向于描写画面中角色的行为、状态的变化。初级阶段除了1例主语是"东西"以外，其他17例（94.4%）均为人物或动物，所用动词"笑、坐、站、呆、游、听、玩"都表示人的行为动作，11个动词中有10个甲级词，占比90.9%。中级情况并没有多大改观，有2例主语是"玩具"，其他26例（92.9%）与初级相同，17个动词中甲级词13个占比76.5%，仅出现4个乙级词"蹲、微笑、扔、冻"，词汇等级稍有提高。高级阶段的主语还有49例（87.5%）为人物或动物，除了"玩具、东西"事物之外，多了一个"盖子"，还多了"树、花、麦苗、白云"等自然类事物，因使用了拟人手法，所选动词"蹲、闲、颤抖、担心"仍以表示人的行为动作的居多，30个动词中有22个（73.3%）为甲级词，与中级阶段比例相仿。例如：

例13 爸爸在石头上坐着，一边抚摸儿子、一边跟儿聊天儿。（初级）

例14 孩子无奈地看着，流下眼泪。（中级）

例15 健壮的树与色彩多样的小花在火辣辣的阳光下玩着、唱着。（高级）

例13、例14、例15 的主语都是人或者自然事物，动词"坐、看、玩、唱"也都是表示人类姿势、体态、动作、行为的词。通过上述数字分析和例句展示，我们可以得知语料库中缺失了 B 式中用于描写人类动作行为之外的其他类型。国人书面语中用量少和语料库先天不足这两个因素应该是 B 式使用率偏低的主要原因。结构简单的句式因使用频率低反而不容易习得（李蕊、周小兵，2005），正如图 4 所示，B 式正确率曲线是倒钟形的。B 式的习得发展过程，通过我们对 B 式中不同的状语类型（表8）的考察也能有所体现。

表8 初、中、高级各阶段 B 式不同状语类型与国人的对比

	初级		中级		高级		各阶段		国人	
	用例	比例（%）	用例	比例（%）	用例	比例（%）	总用例	总比例（%）	用例	比例（%）
无状语	1	5.6	7	25.0	12	21.4	20	19.6	24	19.0
处所状语	10	55.6	8	28.6	14	25.0	32	31.4	17	13.5
其他状语	7	38.9	13	46.4	30	53.6	50	49.0	85	67.5
合计	18		28		56		102		126	

使用"无状语"的 B 式，韩国留学生各阶段用例的总比例与国人数据不相上下，都达到了19%，而对"其他状语"的使用则有相当大的差距，尚没有国人使用状语的类型丰富。例如：

例16 一个小男孩儿单独在一个房间里呆着。（初级）

例17 爸爸灵机一动，所以蹲着，翘起眉毛。（中级）

例18 几篇薄薄的白云，像被晒化了似的，随风缓缓地浮游（飘浮）着。（高级）

例16 有处所状语"在一个房间里"，例17 没有状语，例18 使用了描写状语"像被晒化了似的""缓缓地"。

初级阶段韩国留学生大量使用（55.6%）相对容易的处所状语，虽经过练习，但仍处于"学习"阶段，正确频率为69.2%，比较低。中级阶段学生使用无状语的句子多了，提升了近20%，但由于学习时间间隔久远，模糊了限制条件，泛化了语法规则，因此正确频率比初级阶段又降了一些，只有68.3%。经过不断实践、内化，高级阶段对其他状语的使用有很大的提升，而且还嵌入了其他句式，出现在除了谓语以外的其他位置，正确频率也达到了91.8%，证明 B 式到了高级阶段才被学习者"习得"而达到自动化程度（Krashen，1981）。

（3）C 式：S + V1 着 + （ + O1） + V2 （ + O2）：

初、中、高级各阶段 C 式的使用比例和正确率如表9所示。

表9　C 式的使用比例和正确率

C 式	初级	中级	高级	均值
使用比例（%）	55.1	48.6	43.8	49.2
正确率（%）	68.2	84.8	84.2	79.1

C 式在初、中、高级各阶段使用比例都是最高的，均值将近一半。李蕊、周小兵（2005）对中山大学初、中、高级阶段本科六个自然班的学生12万字作文中的"着"用例考察也发现，句式4的使用比例"在绝大多数班级中排第一（40%至52.6%）"。然而，正确率却不尽人意，初级阶段不到70%，中级阶段提升到84.8%左右，高级阶段反而又降了0.4%，掌握情况不稳定。正确率的排序也起伏不定，初、中、高级阶段分别是第四、第三、第五位，都在中游徘徊。以上数据证明了与国人对比分析中的推论，C 式的过度使用情况最严重，应该会有比较多的偏误。这与其句法结构的复杂性、V1 和 V2 的语义关系多重性、能充当 V1 的动词限定性不无关系。

李向农、张军（2001）对《汉语水平四级通用词汇例解》的"词汇等级大纲"中2 796个动词进行调查发现，能进入"V1 着 V2"格式中充当 V1 的动词有200个，占总数的7%。在能进入 V1 的200个动词中，单音节137个，占68.5%，双音节63个，占31.5%。

我们也对中介语语料库中 C 式697个正确用例的 V1 的进行了统计，语料中共出现了111个动词，单音节动词多达84.7%（94个），双音节动词少至15.3%（17个）。韩国留学生使用的动词，仅占能充当 V1 动词（200个）的55%，在这111个动词中单音节动词的使用比例高于李向农调查数字的15个百分点，双音节则低了相应的数量，这说明学生对能充当 V1 的动词掌握不够，对 C 式的使用还远远没有达到自如的程度。例如：

例 19　然后指着那支米说："爸爸！"（初级）

例 20　已经全身都冻了，他抖着出了游场（游泳池）。（中级）

例 21　爸爸眨着眼睛想象怀着喜悦的心情收获农作物的那天。（高级）

由于后面带"着"，韩国留学生使用的 V1 大都为例 19 中"指"这类的持续性动词，单音节的 V1 中有 91.4%（86 个）为"挺、趴、跑、穿、看、笑"这类表示躯体、四肢和眼睛及面部表情的持续性动词。仅有三个表示动作间断持续的动词，如例 20 和例 21 中的"抖、眨"。双音节的 V1 仅 17 个，如"哭泣、注视、挥舞、盼望、嘲笑"等。

在统计的过程中，我们发现 C 式还可以进一步分为 V1 + 着 + V2、V1 + 着 + V2 + O2、V1 + 着 + O1 + V2、V1 + 着 + O1 + V2 + O2（含双宾和连动）、V1 + 着 + O1 + V2 + 着 + O2、V1 + 着 + O1 + V2 + 着 + O2 + V3 + O3 等六个小类，这六个小类的 C 式在初、中、高级各阶段的使用情况与国人的对比如表 10 所示。

表 10　初、中、高级各阶段 C 式不同类型与国人的对比

	初级		中级		高级		各阶段		国人	
	用例	比例（%）	用例	比例（%）	用例	比例（%）	用例	比例（%）	用例	比例（%）
V1 + 着 + V2	6	3.9	10	3.7	11	4.0	27	3.9	9	6.2
V1 + 着 + V2 + O2	57	37.5	72	26.4	62	22.8	191	27.4	16	11.0
V1 + 着 + O1 + V2	23	15.1	55	20.1	48	17.6	126	18.1	46	31.7
V1 + 着 + O1 + V2 + O2（含双宾和连动）	64	42.1	134	49.1	139	51.1	337	48.4	65	44.8
V1 + 着 + O1 + V2 + 着 + O2	0	0.0	1	0.4	8	2.9	9	1.3	7	4.8
V1 + 着 + O1 + V2 + 着 + O2 + V3 + O3	2	1.3	1	0.4	4	1.5	7	1.0	2	1.4
合计	152		273		272		697		145	

由表 10 看出，初中高级各阶段 C 式六个小类的使用比例排序基本一致，使用"V1 + 着 + O1 + V2 + O2"最频繁，均为一半左右。"V1 + 着 + V2 + O2"次之，但初级（37.5%）和高级（22.8%）使用比例相差比较大。再次是

"V1＋着＋O1＋V2"，频率在15%到20%之间；"V1＋着＋V2"位居第四，比例相差无几，都在4%以内。最后两个小类由于结构复杂，初、中级阶段少有涉猎，高级阶段使用相对多一些，但都不超过3%。国人对于使用最多的类型，国人与留学生的一样，比例也都在45%左右。次多的为"V1＋着＋O1＋V2"，第三位才是"V1＋着＋V2＋O2"，这与韩国留学生的正相反，且比例悬殊也比较大。第四位和第五位是"V1＋着＋V2""V1＋着＋O1＋V2＋O2"，所占比例都比留学生高了2%左右。使用最少的都是最后一类，留学生与国人使用比例相差不大。

　　C式除了做谓语外，也充当其他句子成分，做定语、状语的共26例，与"一边"同用也相当多，共21例，呈现的趋势为初级阶段到高级阶段逐级递增。例如：

　　例22　神笑着说的嘴下面有又长又多的白白的胡子。（初级）

　　例23　我的心情就像在清清朗朗的天空踩着白茫茫的云走一样舒服。（中级）

　　例24　爸爸带着小王到郊区享受风景优美的大自然时。（高级）

　　例22的"笑着说"做"嘴"的定语。例23为"V1＋着＋O1＋V2"，"踩着白茫茫的云走"做"舒服"的状语。例24"爸爸带着小王到郊区享受风景优美的大自然"做定语。

　　C式在初、中、高级各阶段使用比例最高，但正确率却不高，排序位置也忽上忽下，习得不大顺利。

　　（4）D式：处所词＋V＋着＋O：

　　初、中、高级各阶段D式的使用比例和正确率如表11所示。

表11　D式的使用比例和正确率

D式	初级	中级	高级	均值
使用比例（%）	5.4	5.3	8.4	6.4
正确率（%）	95.5	88.6	90.3	91.4

　　D式使用比例初、中级阶段相仿，高级阶段不到8.5%，但是正确频率的排序在初级阶段和中级阶段两个阶段都是第一位，高级阶段的排位虽然没进入三甲，但是正确率也达到了90%以上。各阶段正确率的均值到了91.4%，习得得最早也最好。例如：

例 25 天上飘着几朵白云、刮着微风。（初级）

例 26 他戴着红色的帽子，穿着红色的衣服，背后带着红色的包。（中级）

例 27 大大的盒子上包着我喜欢的星星，还系着非常漂亮的装饰呢！
（高级）

例 25 的动词"飘、刮"表示宾语"白云、微风"存在的方式，例 26 和例 27 中的"戴、穿、带、包、系"表示宾语服饰和装饰品存在的状态。就这个意义而言，韩国留学生已经熟练地掌握了 D 式描写功能。更可喜的是，各阶段的学生都能以句群或若干动词配合使用的形式，集中描写"云、风、帽子、背包、星星"宾语的存在空间、布局。

本文统计了各阶段 119 例 D 式中的动词，发现动态用例 20 例子，占 16.8%，静态用例 99 例，占 83.2%。动态动词共 12 个，如"飘、刮、流、下、响、播、吹、开、成长"等；静态动词，共 29 个，如"站、放、系、背、装、映、怀、长、充满、洋溢"。例如：

例 28 听完后脸上挂着喜气洋洋地（的）表情。（初级）

例 29 天空吹着小风，万里无云。（初级）

例 30 那凸形的镜子里映着比原来的样子小一些的一条狗。（中级）

例 31 到家的时候，他的脸上已经流着鼻涕了。（中级）

例 32 龙龙的眼边噙着泪珠。（高级）

例 33 里还是播着世界各地的名胜古迹。（高级）

例 28、例 32 的宾语"表情、泪珠"是动词"挂、噙"的受事，例 30 主语"镜子"是动词"映"的施事。三例语义关系虽不同，或表示动作"挂"造成结果的持续，或动作本身"噙、映"就是一种状态，都具有 [＋附着] 的语义特征（陆俭明，1999），是静态句。例 29、例 31 的宾语"小风、鼻涕"是动词"吹、流"的施事，都具有空间位移的属性，例 33 宾语"名胜古迹"是动词"播"的受事，没有空间的移动，但可以说"播了很长时间"，从时间维度投射到空间上，动作可以延伸，存在着非可视移动轨迹，这三例都是动态句。

通过上述的分析，可以看出韩国留学生 D 式的习得过程非常顺利，D 式是难度最低、习得最早的句式。

（5）E 式：S1＋V1 着＋O，S2＋V2＋（O）：

初、中、高级各阶段 E 式使用比例和正确率如表 12 所示。

表 12　E 式的使用比例和正确率

E 式	初级	中级	高级	均值
使用比例（%）	0.0	0.3	0.4	0.2
正确率（%）	0.0	50.0	66.7	38.9

E 式的使用比例和正确率在三个阶段七个句式中都是最低的，初级阶段中没有出现用例，中、高级阶段共 5 例，三正两误，正确率最低。

E 式的结构复杂，由两个分句构成。语义关系也不简单，表示在发生 V1 的动作行为时，出现了 V2。教材中一般不会在语法教学的初级阶段介绍，中、高级阶段课文中出现时才顺带提及。留学生在初级阶段就学习了"……时/的时候、当……"等较容易且具有相近功能的表达形式，因此在使用时采取了替代的策略。例如：

例 34　老鼠看着麦眼睛突然发光。（中级）

例 35　他愣愣地望着老人时，老人给他礼物后飞走了。（高级）

例 36　儿子想着苗时，小猫已经吃掉了那苗！（高级）

例 35、例 36 在第一个分句之后都有"时"，说明韩国留学生只是部分理解了 E 式的含义，在"望"的动作发生时，"老人飞走了"，在"想"的状态持续时，"小猫已经吃掉了那苗"。所以不自觉地加上了"时"，使第一个分句变成了整个句子的时间状语，所以这两个例句只能勉强算是 E 式。只有例 34 才是完全合乎标准的 E 式，后续的分句的情态状语"突然"更加凸显了"眼睛"是在"老鼠看着麦"的时段才"发光"的。

E 式结构难度和认知难度在七个句式都最高，因此习得过程很曲折，直到高级阶段也没有内化。

（6）F 式：（S+）V1 着 + V1 着，S + V2 +（O）：

初、中、高级各阶段 F 式使用比例和正确率如表 13 所示。

表 13　F 式的使用比例和正确率

F 式	初级	中级	高级	均值
使用比例（%）	1.2	2.0	1.6	1.6
正确率（%）	60.0	61.5	91.7	71.1

F 式的使用比例在初级阶段和高级阶段都排在倒数第二位，中级阶段稍

高些，也不过 2%。从正确率的具体数字也可看出，初、中级阶段正确排序也靠后，仅仅高于 E 式。但是到了高级阶段，F 式异军突起排在第二位，正确率也达到 90% 以上。

我们考察初、中、高三个阶段的 30 个用例后发现，动词只出现了"走、玩、看、想、爬、揉、等"七个，并且"走"有 15 例，占 50%，其次是"玩"，有五例，占 16.7%，其他动词使用的仅有一两例。例如：

例 37 小刚和小明一起玩着玩着，突然小刚向小明的脸上扔了一块石子。（初级）

例 38 他看着看着就要（想）去那儿，所以他准备了自己的包和需要的东西。（中级）

例 39 父子俩拉着手走着走着，走到了一个小丘。（高级）

例 39 中的 V1 和 V2 均为"走"，这是 30 例 F 式例句中唯一一个 V1 和 V2 呈现顺承关系的（王继同，1990）句式，其余 29 例（96.7%）都是转承关系，如例 1，V2"扔"与 V1"玩儿"没有同义或反义关系，"玩着玩着"只是"扔石子"的伴随动作，语义焦点已经转移到了 V2"扔"上。

"V1 着 + V1 着"表示"动作在短时间内持续进行"，因此"绝大多数情况下"与第二个分句都用"就、忽然、不知不觉"等相关联（王继同，1990）。例 38 中 V1"看"与 V2"去"之间用了"就"，例 37 前后两个分句中间用了"突然"。30 个用例中，仅有 4 例（13.3%）用了"就""突然"，初级阶段 1 例，中级阶段 1 例，高级阶段 2 例。

通过考察前后两个分句之间的关系和关联词语，我们发现，学生能自如运用的 V1 数量非常少，V1 和 V2 的语义关系类型不全面，前后两个分句连接缺少过渡词语，衔接不自然。尽管初、中级阶段正确率非常低，高级阶段有了"量"的飞跃，但是韩国留学生从"质"上习得 F 式还有很长的路要走。

（7）G 式：V + 着 + 的 + N：

初、中、高级各阶段 G 式的使用比例及正确率如表 14 所示。

表 14　G 式的使用比例和正确率

G 式	初级	中级	高级	均值
使用比例（%）	1.2	1.7	3.3	2.1
正确率（%）	60.0	81.8	83.3	75.1

G 式国人的使用比例只有 1.5%，初、中级阶段的韩国留学生使用比例与国人相仿，高级阶段比国人高出一倍有余。正确率初级阶段只有 60%，中、高级阶段上升到 80% 以上。

G 式不是一个句式，而是一个名词性的成分，所以在句子中一般充当主语、宾语或者介词的宾语。李铁根（1999）指出，"由存现句转换的'Ｖ 着的 N'是一种很常见的组合形式"，这种形式的用例在中介语语料中共 17 例（初级 1、中级 5、高级 11）占全部例句（32 例）的 53.1%，国人语料中有七例，占全部例句（12 例）的 58.3%。例如：

例 40　屋子一边小树上挂着的一些东西里能看出圣诞节马上就（要到）来。（初级）

例 41　我问了四教我旁边坐着的人。（中级）

例 42　把一堆玩具放在墙上挂着的箱子里。（高级）

例 40 "小树上挂着的一些东西"做主语，例 41 "我旁边坐着的人"做宾语，例 42 "墙上挂着的箱子"是介词"在"的宾语。

不难看出，G 式初级阶段习得得不好，到了中、高级阶段才基本掌握了。

三、结语

通过对初、中、高级各阶段语料的统计和分析，通过与汉语母语者的语料进行对比，本文对含动态助词"着"的七个句式的习得情况进行了比较详尽的描写和分析，我们发现，韩国留学生"着"的书面输出总体少于国人，A 式、B 式使用频率低于国人，C 式到 G 式高于国人，C 式的过度使用情况最为严重。

不论水平高低，各阶段各句式使用频率分为三个梯次，第一梯次为 C 式、A 式，使用最频繁，达 80% 以上；第二个梯次是 B 式、D 式、F 式、G 式，使用频率在 9% 以内；最少的是 E 式，不到 0.5%。

初、中级阶段七个句式的正确率排序基本一致，D 式、A 式掌握较好，C 式、B 式、G 式居中，E 式、F 式最差；高级阶段运用较好的有 B 式、F 式、A 式、D 式，C 式、G 式尚可，E 式依旧。

本文认为，A 式到 G 式的习得顺序为：D 式难度最低，习得最早；A 式正确率级差不明显，习得比较顺利；B 式、F 式在初中级偏误较多，高级阶段正确率飞跃到了 91% 以上，排名第三、第四；C 式、G 式初级表现较差，中、高级阶段正确率提升到了80%以上，位列五六；E式结构和认知难度都很高，直到高级阶段也没有习得。

参考文献：

［1］卞知美．韩国留学生动态助词"着"的习得情况考察［D］．上海：复旦大学，2012．

［2］丁雪欢，曹莉敏．东南亚留学生对"着"使用条件的认知及其习得过程［J］．华文教学与研究，2014（3）．

［3］李蕊，周小兵．对外汉语教学助词"着"的选项与排序［J］．世界汉语教学，2005（1）．

［4］李铁根．定语位置上的"了"、"着"、"过"［J］．世界汉语教学，1999（3）．

［5］李向农，张军．"V着V"结构的意义关系及结构中"V"的语义特征分析［J］．华中师范大学学报：人文社会科学版，2001（3）．

［6］刘瑜．韩国留学生汉语持续体"V着"的习得考察［J］．语言教学与研究，2010（4）．

［7］陆俭明．"着（zhe）"字补议［J］．中国语文，1999（5）．

［8］施家炜．外国留学生22类现代汉语句式的习得顺序研究［J］．世界汉语教学，1998（4）．

［9］孙德金．外国学生汉语体标记"了""着""过"习得情况的考察［M］//第六届国际汉语教学讨论会论文选．北京：高等教育出版社，1999．

［10］王继同．论动词"V着V着"重叠式［J］．汉语学习，1990（2）．

［11］薛晶晶．现代汉语动态助词"了""着""过"的对韩教学研究［D］．南宁：广西大学师范大学，2003．

［12］周小兵．"着"的习得情况考察［M］//第八届国际汉语教学讨论会论文选．北京：高等教育出版社，2007．

［13］Schachter J. An error in error analysis［J］．Language Learning，1974，24（2）：205－214．

［14］BowermanM. Reorganizational processes in lexical and syntacticdevelopment［M］//Language Acquisition：The State ofthe Art. Cambridge：Cambridge University Press，1982．

［15］McLaughlin Barry. Restructuring［J］．Applied Linguistics，1990，11（2）．

9 "经济管理汉语"课程建设初步构想①

王默凡

摘要： 结合国家的政策导向和首都经济贸易大学国际学院的发展规划及前期调研结果，本文从课程建设的目的、特色和意义等三方面阐述了"经济管理汉语"课程建设的初步构想，以期为首都经济贸易大学国际学院开设特色课程、打造特色品牌、创建特色培养奠定良好的基础。

关键词： 学历留学生　专业汉语　课程建设

一、专业汉语课程建设的背景

（一）国家留学战略重视高层次人才培养，倡导特色发展之路

2016 年 10 月，全国来华留学生管理工作会议在京召开。会议明确指出，高校要将来华留学生纳入学校"双一流"建设和教育国际化战略等整体规划，并进一步树立质量意识和品牌意识，未来要重视高层次人才培养，走特色发展之路。这意味着未来留学生的专业类别与层次结构都将不断优化，那么如何结合高校自身专业优势吸引高层次学历留学生，如何有效提升留学生学历教育质量，如何树立良好口碑、打造特色品牌，从而实现可持续发展，将成为高校留学生教育工作的重中之重。

（二）国际学院发挥经管专业优势，树立留学生教育品牌

结合国家的政策导向和学校的发展规划，首都经济贸易大学国际学院（以下简称"国际学院"）在积极落实"留学首经贸计划"的过程中不断拓展

作者简介：王默凡（1980 年生），首都经济贸易大学国际学院讲师，研究方向：组织行为学与人力资源管理、对外汉语教学。

① 本文为首都经济贸易大学国际学院院级科研项目、首都经济贸易大学国际学院课程建设项目研究成果。

招生渠道、增加专业设置、优化招生结构。继与经济学院、工商管理学院、人文学院开展合作之后，未来国际学院还将与金融学院、劳经学院等联合开展对学历留学生的招收工作，并同时开设预科教育项目。在学历留学生比例提高的同时，结合首都经济贸易大学的特色专业打造预科教育品牌，加快预科与学历教育的对接，提升教师的教学质量和学生的学习效果，通过提高留学生培养水平将良好的招生形势引向可持续发展的道路，这些都是国际学院未来的工作焦点所在。

（三）专业汉语课程建设势在必行

基于国家的政策导向和国际学院发展的实际状况，专业汉语课程建设势在必行。专业汉语课程的建设有利于预科生预科教育与学历教育的对接；有利于学历留学生实现语言学习与专业学习的衔接与贯通；有利于推进招生工作的可持续发展。

二、专业汉语课程建设前期需求分析

笔者在前期研究中，已对国际学院学历生专业课学习情况进行了调研，力求后续专业汉语课程的建设更加贴近学生需求，更加有的放矢。我们通过个体访谈、问卷调查等方式，对国际经济与贸易专业的本科留学生进行了调研，调研结果显示，专业汉语词汇是学生们专业课学习的一大障碍。

专业汉语成为留学生专业学习的一大障碍，主要有三方面原因。第一，学生入学水平低，以学生上本科前已经通过 HSK 四级为例，HSK 四级的汉语词汇量为 1 200 左右，而听懂专业课所必须掌握的词汇量包括普通词汇4 500～5 000 个和专业词汇 1 500～2 000 个。二者相比，相差巨大，且目前本科入学的条件中对语言的要求还在不断地放宽，因此专业词汇带来的巨大困难是客观存在的。第二，对留学生而言，专业术语的学习难度很大。留学生专业术语的学习一直处于没有老师、没有相应的双解词典，完全依靠自学的状态，这对于学习通用汉语尚有困难的留学生而言难度可想而知。第三，通用汉语教学不能满足专业学习的需要。对学历生，大都开设有汉语课程，但教学内容多与日常生活密切相关，对于专业术语很少涉及或者不涉及。

通过对相关文献的梳理可以发现"专业汉语难"这一问题具有普遍性，众多开展留学生学历教育的高校都面临这一难题。专业汉语不仅影响学生的学习效果和教师的教学质量，而且影响学历生的招生工作。现在已有一些高校（北京语言大学、华南师范大学、兰州交通大学等）开始关注专业汉语的教学，甚至通过设置"专业汉语"课程或者预科教育来帮助学生更好地适应专业课的学习，从而提升学校吸引力，促进招生工作顺利开展。

结合国际学院目前学生专业层次结构和学生专业课学习情况，开设"经济管理汉语"课程，可以有效激发学生专业课学习的兴趣、引导学生语言学习与专业课学习的对接，从而有效提升学习效果和教学效果，这对于国际学院提升培养质量具有重要的作用。目前国际学院尚未开设任何专业汉语课程，因此以"经济管理汉语"课程作为切入点，结合首都经济贸易大学的专业特色，逐步完善专业汉语课程建设势在必行。

三、专业汉语课程建设的目的

首都经济贸易大学以经济和管理两大学科为主要特色，开设"经济管理汉语"课程是以专业性内容为主体，以提高汉语水平为主要目的，以接触一般性专业知识、积累专业词汇、训练专业学习基本方法为次要目的，以实现语言学习与专业学习的直接贯连为预期目标；就教学目的而言，是通过经济、管理方面的材料，进一步提高汉语水平，积累专业词汇，引发学生对专业学习的兴趣并帮助学生完成从语言学习到专业学习的过渡。

四、专业汉语课程建设的特色

"经济管理汉语"在课程设置、教材编写和课堂教学中均会体现"专业"之特色、"专门"之用途，并以此有别于通用汉语。

经济管理汉语有其个性特征，经济管理汉语不是一般的汉语教学，也不是一般的商务汉语教学，它具有更强的经济管理专业性，经济管理汉语的专业化特征是其区别于基础汉语教学乃至一般商务汉语教学的根本特征。

首先，在内容选择上要体现经济管理汉语的特点，所选择的语言材料可以来自专业教科书、专业杂志和相关新闻报道；其次，强调语体教学，使学习者能够较好地理解并运用经济管理语体，为其进入专业学习以及日后进入经济管理行业做好语言准备。

五、专业汉语课程建设的意义

（一）提升教学效果

对于经济管理专业的来华留学生而言，"经济管理汉语"课程是从汉语技能学习向以汉语为工具的经管专业知识学习过渡的重要纽带和桥梁。这门课程的建设将帮助学生尽快适应专业课的学习，提升国际学院留学生专业课教学效果。

（二）促进招生工作

对于预科生而言，"经济管理汉语"课程可以激发学生对专业学习的兴趣，促进学生对首都经济贸易大学经管类专业的选择，从而推动前期招生工作的可持续发展。

（三）提高学生满意度

"经济管理汉语"课程设置符合国际学院学历生学习的需求和专业课教师教学的需要，有利于提高国际学院学生对留学生培养工作的满意度。

（四）推动特色发展

"经济管理汉语"课程依托首都经济贸易大学专业特色，在促进学历生招生的同时也将为国际学院开设特色课程、打造特色品牌、创建特色培养奠定良好的基础。

参考文献：

[1] 曹志坚．试论理工类高校针对留学生开设专业汉语课程的必要性及相关问题 [J]．兰州交通大学学报，2011，30（5）：191－193．

[2] 李泉．论专门用途汉语教学 [J]．语言文字应用，2011（3）：110－117．

[3] 张黎，张晖，高一瑄．专门用途汉语教学 [M]．北京：北京语言大学出版社，2016.

10　留学生汉语词汇习得研究

——基于对识别型词汇与产生型词汇的测量①

周　磊

摘要：本研究通过测试的形式，分别对留学生的汉语识别型词汇量与产生型词汇量进行了定量研究与比较分析，了解外国学生口语课汉语词汇学习实际效果的特点和差异。研究结果反映出目前对外汉语口语词汇教学存在的诸多问题与难点：留学生中、高级阶段的词汇数量不足且质量不高；中级阶段词汇量增加幅度偏低、词语运用能力停滞不前；日韩留学生要重点加强词语运用的练习，其他国家学生要重点加强词语理解的学习等。

关键词：词汇习得　词汇量测量　识别型词汇　产生型词汇

一、引言

目前，在汉语作为第二语言习得的研究中，近几年才开始从识别型与产出型的角度研究留学生的词汇知识。"识别型词汇知识"（receptive vocabulary）是指学习者在阅读或听力语篇中可以理解的词汇，"产出型词汇知识"（productive vocabulary）是指学习者在写作或口语中能够自由表达出来的词汇（Nation，1990）。要想了解留学生汉语词汇知识的发展与分布状况，必须在科学测量的基础上进行分析和深入探索。我们发现，在对外汉语词汇习得的研究中，以词汇量测量作为调查工具的研究起步晚、数量少（钱旭菁，2002；张和生，2006；黄立、钱旭菁，2003；江新等，2006；孙晓明，2009）；研究

作者简介：周磊（1979 年生），首都经济贸易大学国际学院副教授，研究方向：对外汉语教学法、高等教育政策。

① 本文是首都经济贸易大学校级教育教学改革项目"交际任务在留学生口语课词汇教学中的应用研究"（项目编号：02991554276001）。

范围和研究深度都有待推进。

在汉语的教学中，词汇往往是一个教学中的难点，同时也是学习中的重点。词汇的种类较多，其个性多于共性，而且汉语词汇与拼音文字是有很大不同的，这是影响词汇学习的重要因素。在词汇的学习中，很多学习者都会有两方面的困扰，一是遗忘问题，二是熟练应用问题。随着第二语言的发展，汉语教材中也出现了词语翻译的形式，这虽然对语法和语音的学习带来了帮助，但也让初级词汇教学处于不被重视的地位。目前，针对不同学习者的需求和语言技能的发展，从多个角度分析词汇教学的研究尚不够完善。本研究通过测试的形式，分别对留学生的汉语识别型词汇量与产生型词汇量进行了定量研究与比较分析，找出了外国留学生口语课汉语词汇学习实际效果的特点和差异。

二、研究方法

（一）研究问题和测量方法

本研究拟解决的问题有：①不同汉语水平的留学生实际拥有的汉语识别型词汇量与产出型词汇量有多少，有何差异？②不同汉语水平的留学生识别型词汇量与产出型词汇量的发展状况如何？③留学生实际拥有的词汇量的状况，可反映出当前对外汉语词汇教学的哪些问题和难点？

本研究的对象是首都经济贸易大学和对外经济贸易大学的在校外国留学生。调查最终的有效数据为 65 份。被试来自 15 个不同国家，其中：韩国 28 人，日本 10 人，爱尔兰 5 人，塔吉克斯坦 5 人，俄罗斯 5 人，哈萨克斯坦 2 人，泰国 2 人，巴西、法国、哥伦比亚、拉脱维亚、土库曼斯坦、土耳其、德国与澳大利亚各 1 人。

通过综合比较前人研究中测量方法的利弊，并结合汉语词汇自身的特点，本研究采用"释义法"和"填空法"两种测试方式，来对留学生的汉语识别型词汇量与产出型词汇量进行测量研究。

测试问卷的第一部分主要用于测试学生的识别型词汇量。采用的方式是"释义法"。比如：

1 杯子
2 电话
3 飞机   _1_ 用来喝茶或喝水的用品
4 手表   _4_ 戴在腕上的、可以计时的用品
5 香蕉   _5_ 一种热带水果
6 邮票

为了避免学生猜词，在每套（6 个）词中，测试词与干扰词等量，并且每套词内部在词性上保持一致。第一组（甲级词）共测试 12 个词，测试用题 4 套；第二组（乙级词）共测试 24 个词，测试用题 8 套；第三组（丙级词）共测试 27 个词，测试用题 9 套；第四组（丁级词）共测试 42 个词，测试用题 14 套。四组共测试了四个词频等级的 105 个词。

学术界对学习者产出型词汇量的测试方式主要有测量"控制产出型词汇量"（controlled productive vocabulary）和测量"自由产出型词汇量"（freedom productive vocabulary）两种（Laufer & Nation，1999）。对控制产出型词汇量，可以采用造句法或填空法，主要测量学习者在教师或研究者的要求下所能运用的词汇。对自由产出型词汇量，一般采用自由作文的形式，没有任何限制，通过学习者的自由写作来测量词汇量大小。

本研究测试问卷的第二部分主要是为了测试学生的控制产出型词汇量。采用的方式是"填空法"。比如：

在中国，骑自（z…）_行 车（ch…）_的人非常多。

我们在生词填空测试中，采用的是以句子为语言单位的形式，考察学生的产出型词汇量，这与在语段中考察相比，可以一定程度上排除学生阅读能力的干扰因素。填空题中给出所考察生词的拼音提示，在检测控制产出型词汇量的过程中保证了正确答案的唯一性。通过此种方式，我们在第一组（甲级词）中共测试 10 个词，第二组（乙级词）共测试 20 个词，第三组（丙级词）共测试 22 个词，第四组（丁级词）共测试 36 个词。四组共测试了四个词频等级的 88 个词。

（二）施测及评分

本研究安排在期末考试周内统一测试，由各班任课教师负责发放问卷、监测和收回问卷。大部分学生在规定的 100 分钟内完成了测试。我们按照每组测试对应的词频等级，用 Excel 计算被试在各个词频等级上的词汇量成绩。

被试的词汇总量为各个词频等级词汇量之和。最后，利用 IBM SPSS Statistics 19 统计软件对成绩数据进行统计分析。

三、研究结果与分析

（一）留学生的汉语识别型词汇量与产出型词汇量

1. 平均词汇量

根据测试计算的结果，在四个等级 8 822 个汉语常用词的范围内，留学生的识别型词汇的平均总量为 4 617 个，产出型词汇（控制产出型词汇）的平均总量为 1 397 个。表 1 列出了留学生平均词汇量的掌握情况。

表1　留学生四个词频等级词汇量的描述统计

	均值	标准差	样本数 N
识别型甲级词	808	284	65
识别型乙级词	1 297	598	65
识别型丙级词	999	622	65
识别型丁级词	1 513	1 046	65
识别型词汇总量	4 617	2 375	65
产出型甲级词	507	365	65
产出型乙级词	287	433	65
产出型丙级词	260	380	65
产出型丁级词	343	589	65
产出型词汇总量	1 397	1 598	65
有效的样本数 N			65

可以看出，留学生的产出型词汇总量与识别型词汇总量存在很大差距，在每个词频等级上，产出型词汇量也少于识别型词汇量，表明学生在具体语境中能够自由表达的词汇大大少于能够理解的词汇，存在很大的发展空间。

此外，在表 1 的识别型词汇量数据中，从甲级词到丁级词的标准差来看，离散程度逐渐增大，说明词频等级越高，留学生的识别型词汇量组内差异越大。

2. 不同汉语水平留学生的平均词汇总量

Pearson 相关分析的结果显示，学生的汉语水平与词汇量之间具有显著正相关（汉语水平与识别型词汇量的相关系数 $r = 0.588$，显著性 $p = 0.000$；汉语水平与产出型词汇量的相关系数 $r = 0.685$，显著性 $p = 0.000$）。这表明，留学生的识别型词汇量与产出型词汇量是随着语言水平的提高逐渐增加的。

描述统计的结果显示，初级水平留学生的识别型平均词汇量为 3 062 个，产出型平均词汇量为 582 个；中级水平留学生的识别型平均词汇量为 4 735 个，产出型平均词汇量为 898 个；高级水平留学生的识别型平均词汇量为 6 976 个，产出型平均词汇量为 3 930 个。

方差分析的数据显示（表2），不同汉语水平的留学生在汉语识别型平均词汇总量上存在显著性差异 $[f(2, 62) = 16.595, p = 0.000]$，在产出型平均词汇总量上也存在显著性差异 $[f(2, 62) = 56.369, p = 0.000]$。

表2　水平分组与留学生词汇量的方差分析

		平方和	自由度	均方	f	显著性 p
识别型词汇量	组间	1.259E8	2	62 957 501.857	16.595	0.000
	组内	2.352E8	62	3 793 863.982		
	总数	3.611E8	64			
产出型词汇量	组间	1.055E8	2	52 745 965.687	56.369	0.000
	组内	58 015 278.906	62	935 730.305		
	总数	1.635E8	64			

Scheffé 事后多重比较（$p < 0.05$）的结果显示，两两比较三个汉语水平等级留学生的数据，在识别型词汇量上组间均存在显著差异（初、中级 $p = 0.013 < 0.05$；中、高级 $p = 0.004 < 0.05$）。说明随着汉语水平的逐渐提高，留学生的识别型平均词汇总量显著增加。在产出型平均词汇总量上，初级与中级学生的组间差异不显著（$p = 0.513 > 0.05$），而中级与高级的组间存在显著性差异（$p = 0.000$）。说明对留学生来说，产出型词汇量的发展比识别型词汇量的发展要更为缓慢和艰难。

（二）留学生汉语识别型词汇量的发展

1. 不同汉语水平留学生识别型词汇量的发展

为了了解留学生的识别型词汇量组内差异情况，我们对不同汉语水平的留学生四个词频等级的汉语识别型平均词汇量进行了统计分析。方差分析表明，留学生在四个词频层次上的识别型词汇量都存在显著性差异［甲级词

f（2，62）=6.454，p = 0.003 < 0.05；乙级词 f（2，62）= 17.368，p = 0.000；丙级词 f（2，62）= 15.545，p = 0.000；丁级词 f（2，62）= 13.142，p = 0.000〕。

表 3　水平分组与四个词频等级识别型词汇量的多重比较

	水平（I）	水平（J）	均值差（$I-J$）	标准误	显著性
识别型甲	1	2	− 179.471	73.726	0.059
		3	− 318.749 *	91.885	0.004
	2	1	179.471	73.726	0.059
		3	− 139.278	87.216	0.287
	3	1	318.749 *	91.885	0.004
		2	139.278	87.216	0.287
识别型乙	1	2	− 458.636 *	136.588	0.006
		3	− 995.476 *	170.229	0.000
	2	1	458.636 *	136.588	0.006
		3	− 536.840 *	161.579	0.006
	3	1	995.476 *	170.229	0.000
		2	536.840 *	161.579	0.006
识别型丙	1	2	− 363.778 *	144.823	0.050
		3	− 1 006.287 *	180.492	0.000
	2	1	363.778 *	144.823	0.050
		3	− 642.508 *	171.321	0.002
	3	1	1 006.287 *	180.492	0.000
		2	642.508 *	171.321	0.002
识别型丁	1	2	− 670.539 *	249.894	0.033
		3	− 1 592.858 *	311.441	0.000
	2	1	670.539 *	249.894	0.033
		3	− 922.318 *	295.616	0.011
	3	1	1 592.858 *	311.441	0.000
		2	922.318 *	295.616	0.011

注：* 表示均值差的显著性水平为 0.05。

水平 1 = 初级，水平 2 = 中级，水平 3 = 高级。

事后多重比较（$p < 0.05$）对三个汉语水平等级留学生数据进行两两分析（表3）表明，在甲级词的层次上，初级与中级水平留学生的组间差异不显著（$p = 0.059 > 0.05$），中级与高级水平留学生的组间差异也不显著（$p = 0.287 > 0.05$）；在乙级、丙级和丁级词上，从初级到中级再到高级水平，学生的识别型平均词汇量均表现出显著增长，并且初级到中级水平的词汇增长更显著地表现在乙级词的层次上（$p = 0.006 < 0.05$），中级到高级水平的词汇增长更显著地表现在乙级词和丙级词的层次上（$p = 0.002 < 0.05$）。结果表明，从初级到高级水平，学生汉语识别型词汇量的显著增长表现在对乙级词的习得上；中级水平学生的识别型词汇增加的主要表现是对乙级词的习得，在丙级词和丁级词层次上，虽然有显著增加，但是增加幅度逐渐减小；高级水平学生的识别型词汇量的发展主要表现在对乙级词和丙级词的习得上，在丁级低频词层次上增加幅度也逐渐减小。

2. 日韩与其他国家留学生识别型词汇量的发展

描述统计的结果显示（表4），在四个词频等级上，日韩留学生的识别型平均词汇量都高于其他国家留学生。

表4　国别分组与四个词频等级识别型词汇量的描述统计

	国别	样本数	均值	标准差	标准误
识别型甲	1	35	881	263	44
	2	30	723	289	53
	总数	65	808	284	35
识别型乙	1	35	1 449	581	98
	2	30	1 121	578	106
	总数	65	1 297	598	74
识别型丙	1	35	1 220	576	97
	2	30	741	582	106
	总数	65	999	622	77
识别型丁	1	35	1 755	992	168
	2	30	1 229	1 052	192
	总数	65	1 513	1 046	130

注：国别 1 = 日韩，国别 2 = 其他国家。

方差分析的结果表明，日韩留学生与其他国家留学生在四个词频层次上的识别型平均词汇量都存在显著差异〔甲级词 $f(1, 63) = 5.289$，$p = 0.025 < 0.05$；乙级词 $f(1, 63) = 5.156$，$p = 0.027 < 0.05$；丙级词 $f(1, 63) = 11.037$，$p = 0.001 < 0.05 < 0.01$；丁级词 $f(1, 63) = 4.299$，$p = 0.042 < 0.05$〕。

上述结果表明，利用语言背景的优势，日韩留学生能够理解的汉语词汇平均量显著多于其他国家留学生，这种优势更为显著地表现在对丙级词汇的习得上。我们可以理解为，与日韩留学生相比，其他国家留学生理解汉语词汇量的发展速度更为缓慢，在丙级词的等级上明显滞后（$p < 0.01$）。

（三）留学生汉语产出型词汇量的发展

1. 汉语水平留学生产出型词汇量的发展

描述统计结果表明，留学生的控制产出型词汇以甲级词为主，约占平均总量的 36%。方差分析表明，留学生在四个词频层次上的产出型平均词汇量都存在非常显著的差异〔甲级词 $f(2, 62) = 17.370$，$p = 0.000$；乙级词 $f(2, 62) = 42.242$，$p = 0.000$；丙级词 $f(2, 62) = 53.690$，$p = 0.000$；丁级词 $f(2, 62) = 38.864$，$p = 0.000$〕。

多重比较（$p < 0.05$）的结果显示（表5），初级与中级水平的学生，在各词频等级上的产出型词汇量组间差异不显著；而中级和高级水平的学生，在四个词频等级上的产出型词汇量均存在显著性差异（$p = 0.000$）。这表明，中级水平的留学生，产出型词汇的发展几乎处于停滞不前的徘徊状态，直到高级阶段，才能在四个词频等级上取得显著进步。

表5　水平分组与四个词频等级产出型词汇量的多重比较

	水平（I）	水平（J）	均值差（$I-J$）	标准误	显著性
产出型甲	1	2	− 57.285	83.249	0.790
		3	− 571.401 *	103.753	0.000
	2	1	57.285	83.249	0.790
		3	− 514.116 *	98.480	0.000
	3	1	571.401 *	103.753	0.000
		2	514.116 *	98.480	0.000

续表

	水平（I）	水平（J）	均值差（I－J）	标准误	显著性
产出型乙	1	2	31.187	80.331	0.927
		3	－796.969*	100.116	0.000
	2	1	－31.187	80.331	0.927
		3	－828.156*	95.029	0.000
	3	1	796.969*	100.116	0.000
		2	828.156*	95.029	0.000
产出型丙	1	2	－138.142	65.598	0.117
		3	－814.970*	81.755	0.000
	2	1	138.142	65.598	0.117
		3	－676.828*	77.600	0.000
	3	1	814.970*	81.755	0.000
		2	676.828*	77.600	0.000
产出型丁	1	2	－151.112	111.918	0.407
		3	－1 164.362*	139.484	0.000
	2	1	151.112	111.918	0.407
		3	－1 013.250*	132.396	0.000
	3	1	1 164.362*	139.484	0.000
		2	1 013.250*	132.396	0.000

注：＊表示均值差的显著性水平为 0.05。

水平 1 = 初级，水平 2 = 中级，水平 3 = 高级。

2. 日韩与其他国家留学生产出型词汇量的发展

在对留学生平均词汇总量的分析中，我们发现日韩与其他国家留学生在生成性平均词汇总量上不存在显著差异。通过方差分析（表 6）研究四个词频等级上两类学生的发展情况，我们发现日韩留学生与其他国家留学生在甲级词上的生成性词汇量存在显著的组间差异（$p = 0.006 < 0.05 < 0.01$），而在其他词频等级上，这种差异均不显著（乙级词 $p = 0.551 > 0.05$；丙级词 $p = 0.120 > 0.05$；丁级词 $p = 0.214 > 0.05$）。

表6 国别分组与四个词频等级生成性词汇量的方差分析

		平方和	自由度	均方	f	显著性 p
生成性甲	组间	965 496.655	1	965 496.655	8.063	0.006
	组内	7 543 963.534	63	119 745.453		
	总数	8 509 460.189	64			
生成性乙	组间	67 965.298	1	67 965.298	0.359	0.551
	组内	11 929 727.718	63	189 360.757		
	总数	11 997 693.015	64			
生成性丙	组间	351 409.983	1	351 409.983	2.488	0.120
	组内	8 899 532.326	63	141 262.418		
	总数	9 250 942.309	64			
生成性丁	组间	541 987.036	1	541 987.036	1.576	0.214
	组内	21 671 978.640	63	343 999.661		
	总数	22 213 965.676	64			

可以看出，日韩留学生的语言背景，只在汉语甲级词的运用阶段具有显著优势。不过，由于本次研究对控制生成性词汇量的调查采取的是书面"填空"的形式，不能排除汉字书写因素对统计结果可靠性的影响。

三、结论和词汇教学建议

（一）留学生的汉语实际词汇量

研究表明，留学生识别型词汇的平均总量为 4 617 个，产出型词汇（控制产出型词汇）的平均总量为 1 397 个。学生能够在具体语境中自由表达的词汇大大少于能够理解的词汇，存在很大的发展空间。

留学生的识别型词汇量与产出型词汇量是随着语言水平的提高逐渐增加的：初级水平留学生的识别型平均词汇量为 3 062 个，产出型平均词汇量为 582 个；中级水平留学生的识别型平均词汇量为 4 735 个，产出型平均词汇量为 898 个；高级水平留学生的识别型平均词汇量为 6 976 个，产出型平均词汇量为 3 930 个。

从母语背景来看：日韩留学生的识别型平均词汇量为 5 304 个，产出型平均词汇量为 1 693 个；其他国家留学生的识别型平均词汇量为 3815 个，产出型平均词汇量为 1 053 个。

随着汉语水平的提高，留学生的识别型词汇量显著增加。总体来看，这种增长主要是乙级词汇量的增加：中级水平留学生的识别型词汇增加的主要表现是对乙级词的习得；高级水平留学生的识别型词汇量的发展主要表现在对乙级词和丙级词的习得，在丁级词层次上，增加幅度不大。

留学生产出型词汇量的发展比识别型词汇量的发展更为缓慢和艰难。留学生学到中级阶段，产出型词汇量普遍处于停滞不前或者增加过缓的状态，直到高级阶段，才在四个词频等级上有一个显著的提高。留学生的控制产出型词汇以甲级词为主。即使是已经掌握的识别型高频词，在具体语境中，学生也很难主动从记忆中把它们提取出来。可见，对中级水平留学生来说，突破"运用"这一关，是相当大的一个难题。

对于第二语言产出型词汇在一定阶段难以进步的情况，很多学者也发现了这样的问题，朱利安（Jullian，2000）称之为"词汇习得高原"（lexical acquisition plateau）现象。也可以用塞林格（Selinker，1992）关于中介语"石化"（fossilization）现象的定义来解释。

我们的研究结果是比较令人沮丧的，留学生从初级到中级就出现了产出型词汇发展的停滞现象，来得似乎太早。因为对外汉语词汇教学的中级阶段，正是加速扩大学生词汇量的阶段，特别是对初级阶段已经理解的甲级、乙级词汇，要求学生在这一阶段有深入的发展，从被动理解式掌握发展到可以灵活运用掌握。哪些因素造成过早出现停滞现象，值得我们从教学与习得的多角度去反思与探讨。

（二）研究结果反映出的词汇教学的问题与难点

首先，留学生中高级阶段的词汇数量不足，质量不高。对外汉语教学对不同水平阶段的词汇教学目标是：初级阶段"掌握《汉语水平词汇与汉字等级大纲》中的甲、乙两级词语 3 051 个（甲级词 1 033 个），基本要求复用式掌握"；中级阶段要求在初级阶段的基础上，"掌握甲、乙、丙三级词语 5 253 个，甲级和乙级词语要求活用式掌握（即能够灵活自如地加以运用），大部分丙级词要求复用式掌握"；高级阶段在中级阶段的基础上，再基本掌握"3 569 个丁级词语，其中三分之一要求复用式掌握"。①

---

①　陈昌来．对外汉语教学概论［M］．上海：复旦大学出版社，2005：132，140，150.

从调查结果来看，初级阶段留学生实际拥有的词汇量基本达到了教学要求，但中高级阶段的词汇量与教学要求存在差距。总体来看，从初级到高级，留学生掌握词汇的质量都不高，词语运用能力低，产出型词汇量与复用式、活用式掌握的教学标准差距过大。

其次，留学生在中级阶段词汇量增加幅度偏低，词语运用能力的进步很小。语言学习是一个渐进的过程。对外汉语教学中级阶段的主要任务是扩大词汇量、深入理解和准确运用词汇，好像一个词汇爬坡的过程，为以后高级阶段的学习积累必要的语言知识和技能，是承前启后的重要阶段。我们看到的实际学习效果却是：学生的词汇学习经过了初级阶段的十足冲劲后，在中级阶段仿佛一辆疲惫不堪的老牛车，喘息停留得太多，爬坡艰难。

从词汇习得与词频的关系来看，学生一般是优先习得高频词，同时交叉习得各个词频等级的词汇，随着语言水平的提高，学生在每个词频等级上的词汇能力都有一定的发展。目前，我们调查的留学生在中级阶段对丙级识别型词汇的发展上显得不足，出现这种局面可能有多方面的原因。外部原因可能是：目前我们使用的中级课程的教材对丙级词的重视不够，导致丙级词重现率不足；面对中级阶段的学生，教师在课堂上仍然过多使用以甲级、乙级高频词为主的语言输入（"教师语"），导致丙级词的输入偏少。内部原因可能是：中级阶段的学生在词汇量达到一定水平后，习惯于依赖甲级、乙级高频词，在词汇的学习、记忆上产生懈怠心理。斯温（Swain，1995）认为，当学习者的外语学习达到某个水平后，如果没有外力推动，他们将不再继续进步。中级阶段学生的词语运用能力进步不大，说明在我们的教学中，对学生甲级、乙级词的输入质量不够高，深入讲练不够多。

日韩留学生在词汇理解的学习上比其他国家留学生难度更小，后者应该重点加强词语领会式的学习。日韩留学生在理解汉语词汇时比其他国家留学生具有优势，但他们在词汇运用方面仍然是有困难的。语言学家认为，词汇习得是一个从识别型知识向产出型知识转化，或者说从能理解词到激活词用于使用的连续过程。梅尔卡（Melka，1997）认为，识别型词汇与产出型词汇之间的距离在于对词语的熟悉程度。我们可以通过促进日韩留学生识别型词汇向产出型词汇的转化，比如设计多种形式的练习让学生反复使用已经理解的词，加强学生对已知词的熟悉程度。正如斯温（1995）所指出的，在学习者的外语达到一定水平需要外力推动时，语言输出比输入更能起到这种推动作用，可使学习者更深层地处理语言。因此，我们在教学中无论是对日韩还是其他国家的学生，都要注意加强对说、写的操练。

参考文献：

［1］钱旭菁. 词汇量测试研究初探［J］. 世界汉语教学，2002（4）：54 – 62.

［2］张和生. 外国学生汉语词汇学习状况计量研究［J］. 世界汉语教学，2006（1）：70 – 76.

［3］黄立，钱旭菁. 第二语言汉语学习者的产出型词汇知识考察：基于看图作文的定量研究［J］. 汉语学习，2003（2）：56 – 61.

［4］江新，赵果，黄慧英，等. 外国学生汉语字词学习的影响因素：兼论《汉语水平大纲》字词的选择与分级［J］. 语言教学与研究，2006（2）：14 – 22.

［5］孙晓明. 留学生产出性词汇的发展模式研究［J］. 民族教育研究，2009（4）：121 – 124.

［6］张如梅. 词汇量测试述评［J］. 大理学院学报，2006（5）：28 – 30.

［7］国家对外汉语教学领导小组办公室汉语水平考试部. 汉语水平词汇与汉字等级大纲［M］. 北京：北京语言学院出版社，1992.

［8］陈作宏. 交际任务在初级口语词汇教学中的应用［J］. 汉语国际传播研究，2011（1）：210 – 219.

［9］陈昌来. 对外汉语教学概论［M］. 上海：复旦大学出版社，2005：121 – 165.

［10］Nation I S P. Teaching and Learning vocabulary［M］. New York：Newbury House Publishers，1990.

［11］Laufer B，Nation P. A Vocabulary Size Test of Controlled Productive Ability［J］. Language Testing，1999（16）：33 – 51.

［12］Jullian P. Creating Word：meaning Awareness［J］. ELF Journal，2000（1）：37 – 46.

［13］Selinder L. Rediscovering Interlanguage［M］. London：Longman，1992.

［14］Swain M. Three Functions of Output in Second Language Learning［M］//Cook G，Seidelhoffer B. Principles and Practice in Applied Linguistics：Studies in Honor of H. G. Widdowson. Shanghai：Shanghai Foreign Education Press，1995：125 – 144.

［15］Melka F. Receptive Vs. Productive Aspects of Vocabulary［M］// Schmitt N，McCarthy M. Vocabulary：Description，Acquisition and Pedagogy. Cambridge：Cambridge University Press，1997：84 – 102.

11 试论对外汉语"比"字句教学

姚京晶

摘要："比较"是汉语一项常用的功能项目，大体可分为两类：一类比较事物性质的同异；一类表示事物性质程度的差别。后者主要由"比"字句承担。该句式在对外汉语教学初级阶段出现，格式变化多，结构较为复杂，其疑问式和否定式还蕴含了特殊的语义、语用色彩，这在一定程度上造成教学的困难。本文试图从"比"字句的疑问式、肯定式、否定式入手，发掘教学方法和技巧，以期对对外汉语"比"字句教学提出一些建议。

关键词："比"字句　对外汉语教学

一、"比"字句的肯定式教学

（一）"比"字句的肯定式教学要充分体现梯度性

1. 以往研究成果对对外汉语"比"字句教学的启示

"比"字句是一个格式繁杂的语法点，若只强调无序地灌输，势必造成记忆的混乱。相反地，若能充分挖掘"比"字句自身规律，循序渐进地进行教学，便可收到良好的教学效果。

语法界对"比"字句的研究由来已久，研究成果多集中在语法格式层面。许多文章均对"比"字句进行了全面的静态描写。例如：刘月华在《实用现代汉语语法》一书中，着重对"比"字句的谓语部分进行了描写；李临定则着重考察了"比"字句比较项的类别。他们的研究成果勾勒出了"比"字句的全貌，有助于实现"比"字句描写的公式化。而只有实现公式化，才有可能发现"比"字句的内部规律，继而确定最为合理的教学顺序。

吕文华在《"比"字句的等级切分》一文中，从对外汉语教学的语法角

作者简介：姚京晶，首都经济贸易大学讲师，主要研究方向为认知语言学、对外汉语教学语法。

度出发，将"比"字句进行了切分，并揭示了"比"字句的内部层级关系，切分如下：

（1）A 比 B + adj

（2）A 比 B + adj + 得多（一点儿）/数量

（3）A 比 B + 动 + 数量

（4）A 比 B + 早（晚）/多（少）/难（易）/ + 动 + 数量

（5）A + 动 + 得 + 比 + B + adj + 得多/一点儿

（6）"A 比 B"作状语

（7）A 比 B + 更/还 + 动/形

（8）A 比 B + 助动词 + 动 + 多了/一些

（9）A 比 B + 让/叫/使 + 名（表人的）+ 形/动

（10）A 比 B 还 B

文章基于以上切分，提出"'比'字句的教学应按切分后的语法项目分布在教学的初级、中级、高级阶段以及各阶段的不同课中"①。文章勾勒了"比"字句教学的主旨，为教学顺序的确定提供了依据。

2.《汉语水平等级标准与语法大纲》对"比"字句教学的规定

（1）《汉语水平等级标准与语法大纲》（以下简称《大纲》）对"比"字句教学的等级切分：

甲级至丁级语法大纲中均涉及了"比"字句教学内容，依次是：

甲级大纲：……A 比 B + adj，上海比北京热。

……A 比 B + 动 + 得 + adj，马比牛跑得快。

乙级大纲：……A 比 B 做状语。

一天比一天：天气一天比一天暖和。

一个比一个：这课的汉字一个比一个难。

一次比一次：他说得一次比一次好。

丙级大纲：……A 比 B + "早、晚、多、少"等 + 动 + 数量短语。

他们比我们多学了两年中医。

……A 比 B + 动 + "得……"（兼顾了部分带宾语的情况）

他比我看得快一些。他种花种得比我好多了。

---

① 吕文华. 对外汉语教学语法探索［M］. 北京：语文出版社，1994.

……带有"更/还/再"的比较句。

丁级大纲：……A 比 B（名）还 B。

他比阿 Q 还阿 Q。他比诸葛亮还诸葛亮。

（2）对《大纲》中"比"字句切分的几点看法：

首先，可以看出，《大纲》对"比"字句的描写并不充分，一些较为基础的"比"字句格式未能纳入教学中。如：

·A 比 B + adj + 程度补语　　我比你高一些。

·A 比 B + adj + 数量补语　　我比你高两厘米。

同时，没有全面列举"比"字句带宾语的情况。如：

·A 比 B +（更/还）+ 心理动词 + 宾语。　　他比我更喜欢音乐。

·A 比 B + V + 宾 + V + 得 +（更/还）+ adj。　　我比你跳舞跳得更好。

以上大纲未列出的语法项目在日常生活中也很常用，教师在教学时应根据学生的水平，将此部分纳入教学中。

其次，《大纲》所列"比"字句在各个等级的切分并不十分合理，教学梯度性不够，具体表现在：

根据《大纲》规定，在一年级只讲授"比"字句的基本形式——"A 比 B + adj"、"A 比 B + 动词 + 得 + adj"和"A 比 B"做状语的情况，而几乎所有剩余的"比"字句格式均在二年级介绍完成。二年级的教学任务偏重，这并不利于学生的吸收掌握。

甲级介绍完"A 比 B + adj"和"A 比 B + 动词 + 得 + adj"后，乙级便接着介绍了"A 比 B"做状语的情况，二者的联系并不十分紧密，此种教学顺序的安排并不能体现循序渐进的原则。

对此，甲级大纲中已规定教授了数量补语、程度补语的内容，所以可否考虑将"A 比 B + adj/V + 程度补语"和"A 比 B + adj + 数量补语"的格式放至乙级语法大纲中，而延迟"A 比 B"做状语的教学。即：

甲级大纲：A 比 B + adj，A 比 B + 动 + 得 + adj

乙级大纲：A 比 B + adj + 得多、多了/一点儿、一些。

A 比 B + adj + 数量补语。

A 比 B + 动 + 得 + adj + 得多、多了/一点儿、一些。

如此安排可充分体现"比"字句梯度性的特点，在练习环节也易于处理，即操练环节可由简到繁逐步加深难度，通过不断提问引导学生系统造句。如：

告诉学生：这本书 100 元，那本书 10 元。

问：这本书比那本书贵吗？

答：这本书比那本书贵。　　　　——A 比 B + adj

问：这本书比那本书贵得多吗？

答：这本书比那本书贵得多。——A 比 B + adj + 程度补语

问：这本书比那本书贵多少？

答：这本书比那本书贵 90 元。——A 比 B + adj + 数量补语

这样，不但用一个例子练习了所学的多个句型，还使学生切实体会到了"比"字句的内部梯度性。在目前使用的教材中，"比"字句的出现往往迟于数量补语和程度补语，所以在操练以上语法点的同时，也是对对外汉语补语教学的一次重现，起到温故知新的作用。

3. 《初级汉语教程》对"比"字句教学的安排

《初级汉语教程》共三册，分别对应语音、语法、短文阶段。其中"比"字句的教学全部集中在第二册，具体分布如下：

第二册（上）第 37 课《我比你更喜欢音乐》中出现了"比"字句的以下格式：

（1）A + 比 + B + adj。

（2）A + 比 + B + adj + 程度补语。

（3）A + 比 + B + adj + 数量补语。

（4）A + 比 + B + V + 宾 + V + 得 + adj。

（5）A + 比 + B + V + 宾 + V + 得 + adj + 得多/多了、A + 比 + B + V + 宾 + V + 得 + adj + 一点儿/一些。

（6）A + 比 + B + 心理 V + 宾语。

（7）"A 比 B"作状语。例：上海现在比以前更漂亮了。

（8）带有"更/还"的比较句。

第二册（下）第 45 课中作为语法点讲解了"一天比一天"，即"A 比 B"作状语的语法格式。

在第二册（上）第 37 课的教学中还同时出现了"没有"句、"不如"句、"有"字句、"不比"句、数量补语和感叹句等语法点，按照教学计划要在四个课时内传授给学生。这在实际操作中难度极大。教师在课堂上要用大量时间讲授语法知识，这无疑影响了学生的开口率。语法密度过大也不利于

学生对语法点的消化、吸收。况且同一课中还出现了"不比"句、"有"字句等语意、语用含义较复杂的语法点，更加大了教学难度。

因此，建议在讲授"比"字句时将其各格式按自身结构进行切分，并分散在多课书中进行教授，以化整为零、分散难点，体现"比"字句教学的循序渐进性。

（二）精讲原则在"比"字句肯定式教学中的体现

"精讲多练"是对外汉语教学的一个重要指导原则。精讲不只局限于介绍语法点的语法格式，也应涉及语法点的语义、语用环境、形式变化以及语法点间的细微差别。同时，还需适当提示学生常犯的错误。

1. 精讲语法点间细微的语义差别

"比"字句中若带有"更/还"，意义便发生了变化。一般说来，"比"字句的谓语之前若加上"更"，表示比较项 B 已经具有了某些特点，比 A 有更进一步的含义。例如："他现在比以前更胖了"，有一个隐含的预设——"他以前也很胖"。而"他现在比以前胖了"则没有该预设，即我们不知道他以前胖不胖。

带"还"的"比"字句也有以上特点。所不同的是"A 比 B 还好"还有一层隐含预设，即说话人认为 B 的程度已经足够高了，而 A 比 B 更甚。句子语义的差异学生理解起来较难，教师应在教学过程中结合适当语境重点讲解。"还"也可作为重点词汇在短文阶段进行介绍。

2. 精讲语法点常见的变换形式

学生在汉语的环境中，会听到表达同一含义的不同句式。而汉语即使句式相同，句中也会有一些成分可以自由移位而不改变句义。"比"字句中就有此类现象。

例："A + 比 + B + V + 宾 + V + 得 + 更/还 + adj"与"A + V + 宾 + V + 得 + 比 + B + 更/还 + adj"两种格式的意义相同，即"他比我种花种得好"等同于"他种花种得比我好"。此种可变换的格式在教学中应引起重视，可在板书时用箭头标出可变换成分的变化轨迹，让学生当场操练，以加深记忆。

值得注意的是，语法点变换形式的讲授不应和原式一起出现，否则极易造成记忆的混乱。尤其是在教学的初级阶段，更要从常用的形式入手，以减轻学生的记忆负担，相应的变化格式可放至中、高级教学阶段进行。

"比"字句中语法成分的省略问题也是一个教学难点。刘月华在《实用现代汉语语法》一书中说："一般说来，'比'前后的短语内部结构是相同的。如果'比'前后的词语中有相同的部分，为了语言的简练，可以省略（多数情况是在'比'以后的成分中省略）。省略的原则以不改变句义为准。"并列举了七种省略的情况。可是外国学生，尤其是初级阶段的外国学生还未形成语感，在掌握"比"字句的省略原则时有一定困难。所以建议中级以上阶段再介绍"比"字句的省略形式，且教学不妨以集中改错的形式展开，即收集学生的病句，找到学生错误的集中点，一并进行讲解，并在课下进行一些补充的改错练习，从而建立学生对"比"字句省略格式的语感。

3. 精讲学生常犯的错误

受母语负迁移等因素的影响，相同语言背景的学生在学习同一语法点时会集中犯一些相似的错误，这已形成了一定的规律。这时，教师可通过有意识地提醒来避免同样错误的发生，提高学习效率。

"比"字句教学中学生常犯的错误是在"A + 比 + B + adj"格式的"adj"前加上"很""非常""真"一类的修饰词。应在发现第一个此类错误时及时加以纠正。

（三）区分"比"字句肯定式和"有"字句肯定式

《大纲》在"汉语的比较方式"这一条目下，不但列出了"比"字句的肯定式，还列出了"有"字句的肯定式，即"有（没有）…这么（那么）"的格式。二者在语法、语义上均有很大差别，在教学中应注意区分。

1. 二者的语法格式不同

"有"字句大体可以分为两类：表量度和表比较。表量度的，如："这条鱼有四斤重"；表比较的，如："树苗快有房子那么高了"。这里只讨论表比较的情况。

该类"有"字句的格式为：A 有 B + 这么/那么 + adj。"这么/那么"表示接近的程度，一般不省略。而"比"字句的基本格式是"A 比 B + adj"，"这么/那么"只在"比"字句的否定式——"没有"句中出现，如："A 没有 B + 这么/那么 + adj"。且"比"字句结论项后可出现程度补语，如：

A 比 B + adj + 一些/一点儿/得多/多了。"有"字句则不存在该格式。

2. 二者的语义有差别

"有"字句表示的意思是："A 和 B 两种事物相比较时，以 B 为标准，A

达到了 B 的程度，'有'是'达到'的意思。"① 由此可知，"有"字句表示的不是 A 和 B 的差别，而是 A 和 B 的相似度。而"比"字句则侧重表达 A 和 B 之间的性质、程度的差别和高低。二者语义区别很大。

且"有"字句中的"有"若重读，如"我有他高"，多带有辩驳意味，不用于始发句，如：A：你没有他高吧！

B：我有他高，昨天才量过。

"比"字句则不具有辩驳的语气。

事实上，"有"字句的肯定形式并不常见，其否定式"A 没有 B + 这么/那么 + adj"和疑问式"A 有 B + 这么/那么 + adj 吗?"较为常用。其语义、语用色彩将在下文进行分析。

以上是对"比"字句肯定式教学的一些看法。总的来说：如何在教学中体现梯度性是最值得我们思考的问题。

二、"比"字句的否定式教学

（一）《大纲》中对"比"字句否定式教学的要求

《大纲》中对"比"字句否定式教学的要求如下：

甲级大纲所列"比"字句否定式：

……A 没有 B + adj　　　　　　上海没有北京热。

……A 不比 B + adj　　　　　　广州的天气不比上海冷。

……A 不比 B + V + 得 + adj　　他今天不比我来得晚。

……A 没有 B + 这么/那么 + adj　北京水果没有广州那么多。

乙级大纲所列"比"字句的否定形式：

……A 不如 B + adj　　　　　　我不如他胖。

……A 不如 B + V + 得 + 形容词　他说汉语不如我说得流利。

丙级大纲所列"比"字句的否定形式：

……A 没有 B 再/更 + adj　　　整个北京城没有比我这儿的毛线更好的了。

（二）"比"字句否定形式教学顺序的确定

由《大纲》可以看出，在"比"字句否定式教学这一领域，初级阶段要求掌握的语法格式是"没有"句、"不如"句和"不比"句。这三种形式虽

---

① 刘月华．实用现代汉语语法［M］．北京：商务印书馆，2003：836.

均表否定意义，但在语法格式、语义、语用层面上也存在着一些差异，如果三种形式同时出现，既不利于教师充分讲解三者之间的差别，也不利于学生记忆和理解。建议"比"字句的否定式教学同肯定式一样，也要遵循循序渐进的原则。

"比"字句的教学重点是肯定式，同时，为了表达的需要，也要兼顾否定式的教学。这就需要在教学中突出重点，控制否定式的教学量，否则就会喧宾夺主。

"没有"句是"比"字句最常用的否定形式，应最早进行介绍。且"没有"句的语法格式较为简单，基本不涉及语义和语用教学。这便可以给学生留出充裕的时间消化、掌握"比"字句肯定式。

"不如"句同"没有"句在格式上有一些相似之处，可在学生掌握"没有"句后，以旧带新，进行讲解。但应时刻注意二者的区别，进行对比教学。

"不比"句从语法形式上看，很容易被误解成是"比"字句的否定形式，但二者在语义上有较大差别，所以应避免在教授"没有"句同时出现"不比"句，以免造成混淆。

综上，从语法、语义、语用的角度看，"比"字句的否定式教学应遵循"没有"句→"不如"句→"不比"句的顺序，将语法点分散到不同级别的不同课中讲授。

（三）"没有"句的教学

1. "没有"句的常用格式

"没有"句的常用格式如下：

……A + 没有 + B + 这么/那么 + adj　　东京没有北京这么冷。

……A + 做什么 + 做得 + 没有 + B + 这么/那么 + adj　　他打球没有我打得好。

……A + 没有 + B + 心理动词 + 宾语　　他没有我喜欢音乐。

……A + 没有 + B + 这么/那么 + 能愿动词 + 动词 + 宾语　　他没有你那么喜欢看书。

……A + 没有 + B + 这么/那么 + 有 + 宾语　　昨天的课没有今天的这么有吸引力。

刘月华在《实用现代汉语语法》中对"没有"句的否定格式做了一系列的补充说明：

（1）表示增加或减少之类意义的动词不能用于"没有"句，前面加"多""少""早""晚""先""后"等一般性动词，也不能用于该形式。

（2）作为比较方面的谓语之后，不能带表示具体差别的词语，如"一点儿""得多"等。

（3）谓语主要成分之前，不能用"更""还""再"等。

这些补充说明预测了学生常犯的错误，对教学有一定帮助。学生在操练过程中若出现错误，可随时纠正，并在集中操练结束后加以总结。

2. "没有"句的操练

由于"比"字句的基本句式均有与之相对应的"没有"句，所以可以进行"比"字句和"没有"句的变换教学，即每造出一个"比"字句后，让学生将其改写成相应的"没有"句，这样可以使学生更清楚地认识到"没有"句和"比"字句之间的变换轨迹。

例如，给学生情景："草莓贵，苹果便宜"，引导学生造句——"草莓比苹果贵"，并转换成否定形式——"苹果没有草莓贵"。

（四）"不如"句的教学

"不如"句的讲授应在熟练掌握"没有"句的基础上进行。在课堂上，可用"没有"句引出"不如"句，并在讲授时特别指出二者的差别，进行对比教学。

从语法结构上看，可以有"A 不如 B"的形式，但在表示比较意味时，不存在"A 没有 B"的形式，即可以有"我不如你"，但在表比较意味时，不存在"我没有你"的形式。

从语义色彩上看，"A 不如 B + adj"中的 adj 应是说话人喜欢的，带有积极色彩的词汇。例如，大家都喜欢吃好吃的饭菜，所以在挑选吃饭地点时应说"食堂的饭不如饭馆的饭好吃"，而不说"饭馆的饭不如食堂的饭难吃"。"没有"句中的形容词则既可表示积极义，也可表示消极义。在表消极义时形容词前一定要加上"那么/这么"加以修饰。如可以说："我没有你那么懒"，但是"我没有你懒"可接受性较差。

只有在教学中兼顾语义、语用层面的教学，才能使学生说出正确、地道的句子。

（五）"不比"句的教学

"不比"在教学中长期被误解为是"比"字句的否定形式，直至《初级汉语课本》提出"没有"句才是"比"字句的否定形式，人们才逐渐开始关注"不比"句和"没有"句的区别。语法学界也相继发表了一些文章论证该问题，对此问题的看法逐渐趋于一致。

1．"不比"句与"没有"句的关系

"不比"句的基本句义是"A 和 B 差不多"，即二者相差不明显，而"没有"句强调的则是 A 与 B 的区别。例：

（1）A：小李比你高吧！

B1：他不比我高：我一米七，他也一米七。

或 B2：他不比我高，可能比我还矮一点儿。

（2）A：小李比你高吧！

B：他没有我高：我一米七，他一米六五。

由上两例可以看出"没有"句和"不比"语义有所差别。

2．"不比"句的教学

相原茂在《汉语比较句的两种否定形式——"不比"型和"没有"型》一文中，从语义角度对"不比"句的语法格式进行了描述，认为"不比"句可以用以下句式表示："A 很 adj，B 很 adj，A 和 B 都很 adj→A 不比 B＋adj"

例："A 很高，B 也很高，A 和 B 都很高"→A 不比 B 矮。

文章敏锐地看到了"不比"句的内部语义关系，对"不比"句的教学很有帮助。但"不比"句还包含了一些语用背景，在教学中，若只套用以上公式进行语义教学，学生在日常交际中便容易产生语用失误。

在日常生活中，"不比"句表述的往往是对上文的订正或辩驳，一般不会作为始发句出现，全句往往带有一些附加的感情色彩。例：

A：你没有我高吧！

B：谁说的？我不比你矮。

从 B 的口语化答语——"谁说的?"即可看出 B 的回答带有反驳色彩。在生活中，表示反驳的"并""才""事实上"等，也经常出现在"不比"句中。例如：

A：你汉语没有我好吧？

B1：我的汉语并不比你差。

B2：事实上，我的汉语不比你差。

B3：我的汉语才不比你差呢！

由上面的例子可以看出，"不比"句在语流的环境中，其自身包含的感情色彩得到了自然的凸显，学生可以比较自然地感知"不比"句的语用色彩，进而对其出现的环境有更直接的了解。所以，建议在教材中设置有利于"不比"句出现的语境，进行语流教学。

三、"比"字句的提问式教学

（一）对"比"字句提问方式的探索

"比"字句的教学是以肯定式为中心的，但同时也要兼顾提问式的教学。在实际交往中，学生在接受和表达信息时会产生各种需要，只有在教学中全面展开语法点的肯定、否定、提问三式，学生在应用时才会得心应手。

《大纲》中甲级语法点规定了以下几种提问方式：

（1）用语气助词"吗"提问。

（2）用"好吗""对吗""行吗""可以吗"提问。

（3）用语气助词"吧"提问。

（4）用疑问语调进行提问。

（5）用疑问代词"谁、什么、哪儿、多少、几、怎么样"提问。

（6）用疑问代词的问句加"呢"提问。（到哪儿去找他呢？）

（7）正反疑问句。

（8）用肯定式加"没有"提问。（你有没有来？你有没有去北京？）

（9）用疑问副词"多"提问。

（10）用语气助词"呢"提问。

（11）用"是/还是"提问。

以上列举的提问方式中，方式1、2、3、4、7、11可以作为"比"字句的疑问形式出现。相应的例句是：

方式1：你比他高吗？

方式2：你比他高，对吧？

方式3：你比他高吧！

方式4：你比他高？

方式7：你是不是比他高？

方式11：你高，还是他高？

其中方式 11 疑问的回答可以是"我高",也可以是"我比他高"。

由上可见,"比"字句的提问格式是多种多样的,由于以上提问方式先于"比"字句在教学中出现,在学习"比"字句时学生对以上方式已较为熟悉,所以在课堂的精讲阶段,只需列举一两个最常用的提问方式即可,如"吗"字句、正反疑问句。这时,疑问式的教学是为肯定式服务的,而在语法操练阶段,则应尽量模拟真实的生活场景,引导学生不断变换提问方式以提高口语表达的熟练度。

在以上提问方式中,"吧"字句提问较为特殊:虽为问句,但全句语义带有肯定色彩,所以在做否定回答时,应选用"不比"句而非"没有"句、"不如"句。也就是说,以"吧"结尾的"比"字句要用"不比"否定,全句带有反驳色彩。例:

A:汉语比俄语难学吧!

B:汉语不比俄语难学。

(二)"有"字句的教学

甲级语法大纲要求将"有"字句作为"比"字句的肯定形式进行教授。事实上,"有"字句作为肯定式出现的限定较多,在实际交往中并不常用。相反地,其否定式——"没有"句作为"比"字句的否定式较为常用。其疑问式"A 有 B + adj + 吗?"也可以作为"比"字句的一种提问方式出现,该句式不包含在以上 11 类提问格式中,对学生来说相对陌生,需要教师作为新语法点进行教授。

"A 有 B + adj + 吗?"也包含一些特殊的语用含义,用"有"字句提问时,若"有"字重读,就会产生新的预设。

例:"你有他高吗?"所含的预设是"我不认为你比他高"。全句带有反问色彩,且对话的引起方不会说出这样的句子。在教学中应告诉学生,"有"字句的提问式若"有"字重读,一定在置疑或不同意对方观点时用。

以上探讨了"比"字句的疑问式教学,由于"有"字句是新的语法点,在疑问式教学中应给予重视。

四、对"比"字句操练的一些建议

(一)"比"字句的分散教学结束后应有集中总结

"比"字句操练应做到先"化零为整"再"化整为零",即在"比"字句进行分散教学之后要有一个集中的总结。《初级汉语课本》对"比"字句的总结较有特色，在学生学完"比"字句的所有基本格式后，以相声的形式集中对语法点进行了总结。

《初级汉语课本》第52课以"比较"为主题，编排了三小段相声，对话中几乎每句话都涉及"比"字句。这无疑可以加深学生对语法点运用的熟练度，且相声编排得幽默有趣，有利于提高学生的学习兴趣。

建议在学生学过"比"字句的基本格式后，选取可比较的对象，引导学生用"比"字句进行成段表达，如："比较北京和你的家乡""比较你读过的两本书"等。还可考虑在学生学完"和……一样"等表示事物性质异同的语法格式后，将多种表比较的方式放在一起进行语段表达训练，以提高学生的成段表达能力。

（二）利用身边语境，创造真实环境进行练习

"比"字句用在表比较的语境中，在课堂上可以以班上同学为比较主体，随机利用身边的场景进行比较。这样可以集中学生注意力，使学生直观了解"比"字句的使用环境，更省去了介绍情景所用的时间。在讲解"A + 比 + B + V + 宾 + V + 得 + adj"时，可制造以下场景：

让两个学生读课文，一个读得长，一个读得短。引导学生造句→"他读得比我长一些"。

让两个学生到黑板上写字，比较二人写字的大小、快慢。引导学生造句——"他比我写得大/快一点儿"。

这样可以使学生直接参与到语言情景之中，增强他们的表达愿望。但需要注意的是，用班上同学的实际情况进行比较时，应对比较的内容加以筛选，避免选择可能引起学生民族情绪或自尊心受损的例子。

（三）"比"字句在操练中可开展的活动

"比"字句的特点是语法格式较为复杂而语义相对简单。教师要灵活地选取话题，提供充分的练习机会，使每个学生都能参与其中。例如，教师可制作卡片，每张卡片上提供可进行比较的场景，让学生根据卡片上的内容造句。也可将学生分组，利用卡片上的内容编对话，这样可同时练到"比"字句的陈述式和提问式。

如可模拟学生租房子的场景，比较两处房子的优劣。可分别在两张卡片上介绍两处房子的基本情况：

甲：	乙：
位置：三环路	位置：五环路
交通：公共汽车、地铁	交通：公共汽车、地铁
购物：1 个大型购物中心 2 个大型超市	购物：一个市场
房屋面积：60 平方米	房屋面积：90 平方米
房租：6 300 元/月	房租：4 000 元/月

学生可根据卡片上的内容进行"比"字句的成段表达。留学生可能会有租房子的需求，所以对这个话题也会比较感兴趣。还可选取学生较感兴趣的公众人物进行比较，这样在活跃课堂气氛的同时，可以有效地提高开口率。

五、"比"字句教学可采用的板书设计

写板书也是教学中不可缺的重要环节。板书可对学生形成视觉刺激，加深学生对知识的印象。一些学生有记笔记的习惯，板书内容更成为其日后复习和练习的参考依据。板书要清楚、整齐，有规律可循。书写总结出的语法公式时还应使用彩色粉笔以突出重点。

在"比"字句的精讲阶段，可将黑板分成三部分，分别用于介绍"比"字句的提问式、肯定回答式、否定回答式。如讲解"A＋比＋B＋adj"时，可使用以下格式：

上海比北京大吗？	上海比北京大。	北京没有上海大。
林绵材的个子比岩间高吗？	林绵材的个子比岩间高。	岩间的个子不如林绵材高。
昨天是不是比今天暖和？	昨天比今天暖和。	今天没有昨天暖和。
提问格式：	肯定回答：	否定回答：
A 比 B＋怎么样（adj）吗？	A 比 B＋怎么样（adj）	A 没有 B＋怎么样（adj）
A 是不是比 B＋怎么样（adj）？		A 不如 B＋怎么样（adj）

在"比"字句教学的练习阶段，可将板书分为两部分：一部分用来书写情景；一部分用来书写学生根据情景所造的句子。

六、总结

以上从肯定、否定、疑问三式的角度对"比"字句的教学提出了一些看法。总的来说，"比"字句教学中应时刻体现对循序渐进教学原则的贯彻；同时，讲解语法点体现出的语义、语用色彩也十分必要。希望本文能对对外汉

语"比"字句教学有所帮助。

参考文献：

［1］李临定. 现代汉语句型［M］. 北京：商务印书馆，1986.

［2］吕文华. 对外汉语教学语法探索［M］. 北京：语文出版社，1994.

［3］刘英林，国家对外汉语教学领导小组办公室汉语水平考试部. 汉语水平等级标准与语法大纲［M］. 北京：高等教育出版社，1996.

［4］杨寄洲. 初级汉语教程［M］. 北京：北京语言文化大学出版社，1999.

［5］刘月华. 实用现代汉语语法［M］. 北京：商务印书馆，2003.

［6］相原茂. 汉语比较句的两种否定形式："不比"型和"没有"型［J］. 语言教学与研究，1992（3）.

［7］许国萍. "比"字句研究综述［J］. 汉语学习，1996（6）.

［8］刘苏乔. 表比较的"有"字句浅析［J］. 语言教学与研究，2002（2）.

12　戏剧表演教学法在留学生汉语教学中的实践探索[①]

栾育青

摘要：戏剧表演教学法作为一种情景式教学方法，为学生模拟一个真实的社交场景，营造一个轻松愉快的学习环境，既能提高学生语言交际能力，激发学生学习兴趣，培养学生的团队合作精神，也是一种非常有效的提升学生跨文化交际水平的学习手段。笔者在留学生汉语教学中进行了戏剧式教学实践的尝试，本文分析了戏剧表演法在留学生汉语教学中的实践意义，阐述了课堂步骤和教学环节，同时也指出了在实践过程中应注意的问题。

关键词：戏剧表演　汉语作为第二语言的教学　情景式教学

一、戏剧表演教学法的概念界定

戏剧表演教学法是将戏剧表演运用到知识传授和技能培养中的一种教学方法。所谓"戏剧表演教学法"，是指在教学过程中，教师有意引入或创设一种学习的情境，将抽象的内容纳入有趣的情境之中，用以引起学生的情感体验，从而帮助学生理解和获取知识和技能（邵旭，2011）。

二、实施表演戏剧教学法的意义和作用

戏剧表演教学法作为运用戏剧和表演辅助课堂教学的一种教学方法和理念，符合以学生为中心的需要，符合师生互动教学模式的需要，适用于多个

作者简介：栾育青，辽宁大连人，首都经济贸易大学讲师，研究方向为对外汉语教学和第二语言习得。作为课题组成员参与并完成了教育部人文社科一般项目"基于语料库的外国人汉语句式习得研究"，主持并完成过多项校级科研项目和校级教改立项。

① 本文得到首都经济贸易大学 2017 年校级育教学改革项目的资助，项目编号：02991754210110。

教学领域。同时，由于戏剧与语言的关系密切，因此戏剧表演教学法适用于语言教学，也适用于汉语作为第二语言的教学。戏剧教学法自 20 世纪中期产生以来，在英语作为第二语言教学中运用较多，而在汉语作为第二语言的教学中使用甚少。

在我们看到的戏剧教学法的研究文献中，很多文章从理论层面研究了戏剧教学法的优势和作用（Cunico，2005；Even，2008；张武保，1994；龙梅、田洁，2007；周萍萍，2007；陈柯妮，2011），也有很多文章从实践层面对如何在课堂上运用戏剧教学法进行介绍，其中大部分实践研究侧重探讨如何在课堂教学中加入短剧表演等随堂活动或者改编课文内容进行模仿练习（Gay & Hanley，1999；王永阳，2009；李娅玲，1998；邵旭，2011）。但是目前探讨将戏剧教学法系统、全面引入汉语教学的研究和实践并不多见。

在外国留学生汉语教学中倡导戏剧表演教学法有其必要性和可能性。在对外汉语教学的课堂上，最重要的原则是要"精讲多练""以练代讲"，而目前实际情况还是老师说得多，学生说得少。戏剧表演教学法作为一种情景式教学方法，模拟真实的社交场景，营造轻松愉快的学习环境，可以在创作、改编和表演的过程中，提高学生学习的积极性和主动性，锻炼和提高学生综合运用汉语进行交际的能力。

戏剧表演教学法可以为学生更多表达的机会。我们知道，在第二语言教学中，语言输出是非常重要的。我们一直在强调，在对外汉语教学的课堂上，要让学生多说，老师少说，而实际情况却并非如此。我们采取这种戏剧化教学法，无形中是逼着学生说，不说也得说，可以改变教师说得多、学生说得少的现状。戏剧表演教学以学生为主体，是教学探索的一个新途径。

戏剧表演教学法能为学生创造良好学习氛围，寓教于乐，可以提高学习效率。我们认为，戏剧表演教学法能为学生创造良好的学习氛围，不求学生坐在固定的座位上上课，而是允许他们在课堂里走动。寓教于乐，这样就可以提高学生的学习兴趣，他们学习汉语就会更加积极主动，有利于建立良好的生生关系和师生关系。因此，戏剧表演教学法可以被施密特（Schmidt，1998）称为"学习者全身心的感官体验和投入"。

同时，戏剧表演教学法强调合作学习，强调学生对课堂的积极参与。要完成戏剧表演，需要发挥学生的创造力和集体协作精神，必须通过小组学习、协商讨论等方法，因此，该方法有利于培养学生的团队合作精神。学生们在合作学习过程中也会建立更加开放、和谐和自由的关系。

　　另外，戏剧表演教学法还可以提高学生的跨文化交际能力。不同母语背景和不同国籍的学生表演，不仅能提高学生的汉语表达能力，而且也会增进不同文化的交流，碰撞出火花，从而提高学生的跨文化交际能力。

　　Ryan‑Scheutz 和科兰杰洛（Colangelo）的实践证明，大规模运用戏剧教学对于提高学生的语言技能，尤其是听说技能大有裨益。① 总之，戏剧表演教学法既能提高学生的交际能力、表演技能，激发学生的学习兴趣，培养学生的团队合作精神，又是一种非常有效的提升学生跨文化交际水平的汉语学习手段。将戏剧表演教学法引入对外汉语教学中，不失为探索汉语创新型教学法的一种积极尝试。但是这种教学法在英语作为第二语言的教学中运用较多，而在汉语作为第二语言的教学中还使用较少。本文通过在留学生汉语教学中进行戏剧表演教学实践的尝试，对教学效果进行观察和思考。同时，戏剧表演教学法的具体应用也是一个复杂的过程，它需要语言知识、表演能力、合作精神甚至心理素质等综合能力的协调运用。如何将戏剧表演教学法合理而恰当地运用到留学生汉语教学中，也是值得我们深入思考和研究的。

三、戏剧表演法的教学实践和课堂操作

　　语言教学中的戏剧表演活动大致分为三种类型：①以教材课文或对话为文本，即学生在学完课文或对话后在教师的指导下进行表演，作为课文的交际性训练。②情景模拟角色扮演，自定场景情节。教师可以设置一些与文章内容相关的、尽可能真实的问题情境，引导学生进入情境，为他们提供在真实或接近于真实的环境中用汉语进行交际或解决问题的机会，并且让每个学生都参与其中。这种表演无须以教材为依托，甚至可以让学生自编、自导、自演。③经典剧目演绎。因为戏剧表演耗时长，规模大，所以我们在课堂上进行的主要是前两种类型的表演活动。但我们计划将戏剧表演引入留学生的汉语综合课课堂，探索戏剧表演活动在留学生汉语教学中的应用和实践。

　　一般来说，戏剧表演法教学实践过程主要包括以下几个：文本/剧本学习，设计故事情景，分配角色，小组活动，表演，反馈与讨论。

---

　　① Ryan‑Scheutz C，Colangelo L M. Full‑scale theatre production and foreign language learning［J］. Foreign Language Annals，2004，37（3）：374‑385.

（一）分发故事场景和任务要求并解释活动程序

教师首先提出任务要求，说明故事的场景和梗概，然后将学生按角色分组，尽量将不同文化背景和不同汉语水平的学生搭配在一个组，且尽量把口语好的学生和口语不好的学生放在一组。我们建议在分组的时候，最好由教师和学生共同协商，如果让学生自行分组，有些不善与人交流或者口语水平不高的同学就会面临分不到组的尴尬境地。分组前要说明分组的目的与原则，例如表演需要不同性格的人物，每组成员的男女比例要合理，等等。

（二）小组讨论和创作剧本

老师布置完故事场景和任务要求后，学生开始讨论交流，确定各自的角色，讨论和创作剧本。讨论和创作剧本是戏剧表演的一个重要环节，教师在此环节可以给予适当的协助。剧本主要分两种：一种是以教材为依托的；另一种是无教材依托的。因为现在市面上缺少专门以戏剧为纲的对外汉语教材，所以教师要自己从所用教材中或者从生活中挖掘材料，常用的方法是结合所用教材，从戏剧教学的理念出发，依据学生的水平和兴趣，创造出可延伸的戏剧活动。我们认为比较可行的方法是根据教材的对话、短文或者故事找到适合表演的戏剧内容加以发挥应用。在选择课文作为剧本时，教师可遵循以下原则：①场景故事性比较强；②对话比较多；③有趣味性；④人物有个性特点。桥梁上第四课《醉人的春夜》这篇课文就适合进行这样的戏剧教学，课文讲述的是一个年轻姑娘在下夜班回家的途中自行车坏了，一个热心的小伙子帮她修好了自行车的故事。故事中的人物个性鲜明，陈静害羞内向，小伙子幽默热心而又不失周到，小伙子的妹妹快言快语。另外，教材中有一些阅读小故事也都适合表演。比如，《汉语教程》第二册下练习中有一篇阅读课文《画蛇添足》，这个成语小故事只有100多字，阅读之后，笔者试着让学生表演了这个成语小故事，学生领悟得很快，表演很生动，同学们通过表演活动加深了对课文的理解。

老师还可以把教材中一些相似的场景或话题综合在一起进行串联（以此作为复习）。例如，《汉语教程》第二册下第11课《到中国人家做客》。教材中先学的对话是田芳请玛丽和麦克到她家（四合院）去做客，品尝她家枣树结的大红枣，并由此谈及住四合院优与劣的问题。而第17课又学了一篇课文，内容是王老师三年前的学生罗兰来北京工作了，王老师请罗兰和她的丈夫保罗来家里做客，谈及学习汉语的方法问题。这两课学完之后，笔者综合这两篇课文内容，组织学生进行角色表演对话练习。学生在表演过程中可以反复巩固练习学完的词汇和句型，还可以对自己的发音做一个强化和纠正，起到知识内化的作用。水平一般的学生仅限于能把课文的对话说出来，水平高的学生还可以进行一些发挥和延展。

我们还试验过一种以视听资料为基础让学生进行模仿表演的戏剧式教学，方法是让学生先观看一段录像，比如从《家有儿女》中节选的一个片段，看完并理解内容之后，进行模仿表演。也可以让学生先观看电视剧或电影中截取的一个片段，了解故事情节和人物关系之后让学生模仿表演。另外，我们还尝试过把课文中的对话放在剧本中，但是给学生留出一些空白，也就是让学生们自己补充其中的对话内容，给学生自由想象的空间，充分发挥他们的自主性。

另外，也可以从生活中挖掘适合学生表演的情境，搬到课堂中来，让学生自己设计创作剧本，这样更贴合他们的真实生活。例如，留学生都经常去超市，对超市这个环境和场景比较熟悉，而我校是经贸类院校，很多留学生是经济或商科专业的学生，他们对经商比较感兴趣，因此可以让学生编排在超市门口推销商品的小话剧。

（三）表演

在表演的过程中，我们并不看重学生的表演技巧，我们更看重的是学生语言表达的开口率、流利度和准确性，比如语音语调是否标准、是否能准确流利地表达意思、在表演中是否能运用学过的词语和句型。在每次练习和表演过程中，要突出重点词汇和句型的使用，要反复使用学习的重点难点词汇和句型，避免语言的低水平重复使用。

因为大部分同学平时缺少这方面的训练，所以刚开始表演时显得很紧张，放不开很拘束。但是经过几次表演活动，同学们就可以自然大方地站在教室前边表演了，而且动作和表情也能运用自如。多数同学表示收获很大，口语水平有了很大提高，也有的同学说这种方法可以更好地记住一些词语和句子。也有同学反馈，通过戏剧表演，本来不太熟的同学也熟悉起来了，同学之间课下的交流也更多了。由此可见，戏剧表演教学法既提高了语音、语调、词汇量及口语交际能力，也加强了与其他同学的沟通与交流，增进了彼此的感情。

（四）效果评价和反馈

评价的方式包括教师对学生的评价、学生自我评价和学生互评。各小组在完成表演展示之后，首先对本组完成情况进行自评，然后各组之间进行互评。其间，各组从其他组获得意见反馈。教师对各组表现做综合性评价并考核。为了避免出现有的学生偷懒不认真准备的情况，可事先告知学生教师会以每个小组的汇报成果作为每位同学平时成绩的一部分。这样一来，每个小组的成员就会将自己的努力与小组的成败紧密联系起来。

（五）教师的角色

在讨论和编排过程中，要充分发挥学生的自主性，教师不要过多干预，只做适当的引导即可。学生以小组为单位自己编剧本，自己排练，学生在这个过程中会大量运用汉语进行沟通和交流。教师要多鼓励学生，特别是对性格内向的学生要充分肯定，帮助学生树立自信心。教师不要过于纠结在表演过程中出现的错误，不要打断学生的表演，可以在评价环节指出学生表演中出现的问题。教师主要的作用是"补台"，当学生在表演过程中"无言以对"时，教师可以及时提醒，以保证表演能顺利进行下去。必要时教师也可以参与学生的戏剧表演，这样可以调动学生的积极性，也可以缓解学生的紧张情绪。

四、余论

首先，有的同学从学期开始到学期结束至始至终不能脱剧本，在台词不多的情况下，我们一般要求学生不看教材或剧本进行表演，但有的同学到学期结束时还是不能脱离剧本进行表达，这就极大地影响了表演的效果。

其次，虽然经过一个学期的戏剧表演训练，学生的口语表达能力得到了很大提高，但是仍然存在机会不均等的问题，害羞的、口语水平不高的学生总是挑台词少的角色。虽然每个学生在戏剧表演中都有自己的角色，但是怎样调动那些不爱说话、不爱表演的学生的积极性，让他们也能积极参与到戏剧表演中？这也是值得我们进一步研究的问题。

最后，我们的终极目标是整个活动过程中学生自己写剧本，自己演、自己评价、学生既是编剧、导演，又是演员和评论者，在此过程中全部用汉语，从而达到提高学生综合使用汉语能力的目的。目前，我们离这个目标还比较远。我们认为，将戏剧表演教学法运用到对外汉语教学中，对实现以学生为中心和跨文化交际教学是一种有益的尝试，希望借此引发更多教师的兴趣和尝试。

参考文献：

［1］欧怡雯．学习及实践戏剧教学法对教师角色转变的影响［J］．教育学报，2014（1）．

［2］王永阳．试论戏剧化教学法在汉语作为第二语言教学中的运用：以澳大利亚的一个课堂教学为例［J］．世界汉语教学，2009（2）．

［3］邵旭．戏剧表演教学法：交互式英语教学的新途径［J］．青海师范大学学报，2011（6）．

［4］杨柳，张寅，于炜．教育戏剧：一种创新的教学方法［J］．课程与教学，2013（2）．

［5］张连跃．戏剧在二语教学中的整合功能：基于一项海外汉语教学的案例分析［J］．语言教学与研究，2013（1）．

［6］Ryan – Scheutz C，Colangelo L M. Full – scale theatre production and foreign language learning［J］．Foreign Language Annals，2004，37（3）：374 – 385.

13　语言测试内容效度实证研究

——以普通话水平测试"朗读短文"测试项为例

常晓宇

摘要：内容效度是语言测试效度研究的重要内容，是进一步考察测试质量、研究测试构想效度的基本前提。而在检验语言测试内容效度时，具体应该如何操作，其研究方向、步骤如何，还需要语言测试研究者提供实证研究的范本。本文以普通话水平测试"朗读短文"测试项为研究实例，全面、详尽地展示了语言测试内容效度应如何进行实证研究，以供参考及讨论。

关键词：内容效度　覆盖率

桂诗春、宁春岩指出："如果所测试的样本能够充分地代表总体，我们就可以说测试在内容上是有效的。……内容效度包括两个方面，一是内容的关联性，二是内容的覆盖范围。"①

在语言测验领域，通常认为内容效度本身有一定的局限性。因为效度本质上追求的是同一性问题，即测验在多大程度上测到了想测的东西。而内容效度则是用抽样代表性问题替代了同一性问题，等于"从一开始就放弃了从被试反应或表现过程和被试语言心理活动的角度解释分数的可能。由于这种先天不足，即使能够将整个内容域所包含的可能的'欲测'项目全部列出来，内容效度所能检验的也仅止于语言测验的外部属性，……既不能推断被试能做什么，也不能推断他们不能做什么"②。

然而，内容效度虽然存在着上述局限，但是"在语言测验设计和开发的大多数阶段，当各种资源有限，无法对测验效度进行充分验证的情况下，测

作者简介：常晓宇，首都经济贸易大学国际学院汉语教师。

① 桂诗春，宁春岩．语言学方法论［M］．北京：外语教学与研究出版社，1998：291．

② 张凯．语言测试概论［M］．北京：商务印书馆，2013：119．

验开发人员仍然需要凭借专业知识和经验，对测验内容即测验最基本的外部特征是否符合测验设计的要求有一个基本的把握"①。

特别是在效度一元化的大背景下，检验内容效度显然已经成为效度验证的一个必不可少的环节。通过分析试卷内容和试卷旨在测量的构念之间的关系，我们可以获得非常重要的效度证据。"考试内容是考试构念效度的重要保证，没有内容效度我们无法确立考试的构念效度。"②

一、各测查要素的覆盖率

（一）《普通话水平测试实施纲要》60 篇朗读作品每一篇前 400 个音节的用字量及声母、韵母的覆盖情况

详情如表 1 所示。

表1　单篇朗读作品前 400 个音节的用字及声母、韵母覆盖情况

作品编号	不重复用字数	属 2 500常用字	属 3 500常用字	超出 3 500 字的用字情况	未出现的声母	未出现的韵母
1	200	194	197	3（娑、虬、桠）	无	uai/ueng
2	181	178	181	0	无	uang/ueng/iong
3	209	195	205	4（黝、浣、憧、憬）	p	o/ueng/iong
4	204	202	204	0	无	uang/ueng/ün
5	214	202	210	4（籁、簌、咯、嘀）	无	uai/ueng/iong
6	177	175	176	1（哦）	无	o/ueng
7	168	167	167	1（哦）	无	uai/uang/ueng/üe/ün
8	179	174	179	0	无	ueng
9	207	197	204	3（惚、篾、弋）	无	无
10	212	211	211	1（掬）	无	ua/o/ueng/iong
11	220	214	217	3（踞、魅、戎）	无	o/ueng/ün/iong
12	192	185	190	2（绯、窎）	无	uai/ueng/ün
13	189	179	188	1（曝）	无	o/ueng/iong

---

① 张凯．语言测试概论［M］．北京：商务印书馆，2013：119.
② 邹申．语言测试［M］．2 版．上海：上海外语教育出版社，2012：37.

续表

作品编号	不重复用字数	属2 500常用字	属3 500常用字	超出3 500字的用字情况	未出现的声母	未出现的韵母
14	179	177	179	0	无	o/ueng/ün
15	182	181	182	0	无	o/uai/ueng/üan/ün
16	184	176	181	3（黢、蕃、圮）	无	uai/ueng/ün/iong
17	176	174	176	0	无	o/ueng/ün
18	230	217	225	5（遏、刘、哦、熠、蓍）	无	o/ueng/ün
19	209	205	207	2（悖、缮）	p	ueng/er
20	200	195	199	1（弗）	无	无
21	223	212	221	2（渥、睬）	无	o/ueng
22	225	211	219	6（姗、噗、笃、嘤、淙、悭）	无	o/ueng/üe/iong
23	218	216	217	1（惟）	无	uai/ün
24	209	205	208	1（瞩）	无	o/ueng/ün
25	214	198	212	2（穹、撷）	无	ueng
26	167	167	167	0	无	uen/ueng/ün
27	201	192	200	1（蹑）	无	o/ueng/ün
28	215	209	214	1（佬）	无	uai/ueng/iong
29	220	206	214	6（瀚、垠、蕙、琵、琶、遨）	无	ueng
30	230	210	227	3（绚、遁、谪）	无	ia/ueng
31	204	199	203	1（飓）	无	o/uang/ueng
32	233	225	232	1（诋）	无	ueng/iong
33	178	175	178	0	无	ueng/ün/iong
34	216	210	215	1（湍）	无	ua/ueng
35	226	215	223	3（惟、锢、圭）	c	ueng/ün/iong
36	216	209	213	3（嶂、窀、珑）	无	o/uen/ueng/ün
37	230	226	228	2（耶、稣）	无	ueng/ün

续表

作品编号	不重复用字数	属 2 500常用字	属 3 500常用字	超出 3 500 字的用字情况	未出现的声母	未出现的韵母
38	220	214	217	3（岱、峪、峙）	无	ueng/iong
39	167	166	167	0	无	o/ua/ueng
40	220	205	216	4（荸、鬈、霖、谛）	无	o/ia/ua/ueng
41	186	178	184	2（涠、胱）	无	o/ueng/ia/iong
42	242	233	238	4（憧、憬、辗、绶）	无	o/ua/ueng/üe
43	216	212	215	1（镭）	无	ua/ueng/ün
44	210	205	208	2（冥、炽）	无	ueng/ün/iong
45	228	218	224	4（袤、俑、瞩、萃）	无	ueng/ün
46	199	194	198	1（绚）	无	ueng/ün/iong
47	191	188	191	0	无	uai/ueng/ün
48	182	178	181	1（丫）	无	uai/uen/ueng/ün/iong
49	189	186	187	2（纭、骼）	无	o/ueng/er
50	186	179	182	4（藉、愣、尴、尬）	无	ueng/üan/ün/iong
51	177	177	177	0	无	o/ueng/ün/iong
52	188	185	188	0	无	o/uen/iong/er
53	191	185	188	3（褴、褛、姗）	无	ueng/üan/üe
54	212	203	208	4（鹗、曰、禄、潇）	无	ua/uai/ueng
55	208	205	207	1（潇）	无	uai/ueng/iong
56	198	193	198	0	无	uai/ueng
57	213	207	210	3（阡、踯、躅）	无	uai/ueng
58	209	206	209	0	无	o/uai/ueng/üan/ün/iong
59	209	202	206	3（迸、仃、虬）	无	uen/ueng/üe/ün/iong
60	216	214	215	1（嗯）	无	ou/ueng/üan

注：以上数据是根据普通话水平测试朗读作品选编组 2004 年《关于普通话水平测试用"朗读作品"的分析报告》整理而成。

（二）《普通话水平测试实施纲要》60 篇朗读作品前 400 个音节中"儿化韵"出现情况

详情如表 2 所示。

表 2 朗读作品中"儿化韵"出现情况汇总表

朗读作品编号	篇数总计	在该作品中出现儿化韵的次数
3 号、6 号、8 号、11 号、12 号、13 号、15 号、18 号、19 号、24 号、25 号、27 号、29 号、30 号、31 号、32 号、34 号、37 号、39 号、40 号、42 号、43 号、44 号、45 号、46 号、50 号、53 号、56 号、57 号、59 号、60 号	31 篇	0
1 号、2 号、4 号、10 号、16 号、22 号、23 号、26 号、33 号、35 号、36 号、48 号、49 号、55 号	14 篇	1
20 号、47 号、51 号、54 号	4 篇	2
14 号、21 号、38 号	3 篇	3
9 号、58 号	2 篇	4
28 号、52 号	2 篇	5
7 号	1 篇	6
5 号、17 号	2 篇	7
41 号	1 篇	10

普通话水平测试 60 篇朗读作品中共有 29 篇作品的前 400 个音节中出现了"儿化韵"，出现"儿化韵"的总次数为 79 处。在这 79 处"儿化韵"中，有 18 处"点儿"、14 处"孩儿"、8 处"那儿"、5 处"这儿"，共计 45 处。

（三）《普通话水平测试实施纲要》60 篇朗读作品前 400 个音节中"轻声"出现情况

详情如表 3 所示。

表3　"轻声"音节在前400个音节中所占比例分段统计表

朗读作品编号	篇数总计	轻声音节在前400个音节中所占的比例段
11号、13号、18号、19号、30号、31号、34号、45号、47号、54号、60号	11	5.5% ~9.99%
1号、2号、6号、10号、15号、16号、20号、21号、22号、23号、24号、28号、29号、32号、35号、36号、37号、38号、39号、40号、42号、43号、44号、46号、50号、55号、56号、58号、59号	29	10% ~14.99%
3号、4号、5号、7号、8号、9号、12号、14号、17号、25号、27号、41号、48号、49号、51号、52号、53号、57号	18	15% ~19.99%
26号、33号	2	20%及以上

普通话水平测试60篇朗读作品中共出现2 499处"必读轻声",共出现694处"可读轻声","必读轻声"和"可读轻声"共计出现3 193处。其中,绝大多数作品(47篇)中的轻声音节在前400个音节中所占比例在10% ~19.99%。

(四)《普通话水平测试实施纲要》60篇朗读作品前400个音节中"一"的变调出现情况

详情如表4所示。

表4　朗读作品中"一"的变调出现情况汇总表

朗读作品编号	"一"出现的次数
无	0
无	1
44号	2
26号、31号、35号	3
13号、40号、45号、58号	4
3号、11号、27号、39号、56号(3 +2)、60号	5
9号、10号、15号、43号、53号	6
6号、7号、17号、18号(6 +1)、29号	7

续表

朗读作品编号	"一"出现的次数
23 号、25 号、30 号、33 号、51 号（7 + 1）	8
1 号、19 号、34 号（8 + 1）、36 号、38 号、54 号、59 号	9
4 号、8 号、12 号、16 号、22 号、24 号（8 + 2）、32 号	10
42 号（9 + 2）、47 号	11
20 号、57 号	12
5 号、14 号、21 号、49 号	13
2 号、28 号、37 号、55 号	14
50 号、52 号	15
41 号（14 + 2）、48 号	16
46 号	18

（五）《普通话水平测试实施纲要》60 篇朗读作品前 400 个音节中"不"的变调出现情况

详情如表 5 所示。

表 5　朗读作品中"不"的变调出现情况汇总表

朗读作品编号	篇数总计	"不"出现次数
45 号	1	0
8 号、12 号、29 号、31 号、42 号、52 号	6	1
4 号、11 号、20 号、27 号、41 号（1 + 1）、43 号、51 号、56 号	8	2
5 号、7 号、10 号、13 号、18 号、25 号（1 + 2）、34 号、50 号、54 号	9	3
9 号、16 号、21 号（3 + 1）、39 号、44 号、48 号（2 + 2）、55 号、57 号（2 + 2）、60 号	9	4
2 号、19 号、33 号（4 + 1）、37 号、47 号、53 号（3 + 2）	6	5
22 号、32 号（5 + 1）、35 号、36 号、40 号、46 号、58 号	7	6
26 号（6 + 1）、28 号（5 + 2）、49 号、59 号（6 + 1）	4	7
3 号（7 + 1）、17 号（6 + 2）、23 号（5 + 3）、38 号（7 + 1）	4	8
无	0	9

续表

朗读作品编号	篇数总计	"不"出现次数
6号、14号（9+1）、15号（8+2）、24号（9+1）、30号	5	10
无	0	11
1号（11+1）	1	12

（六）《普通话水平测试实施纲要》60篇朗读作品前400个音节中"啊"的音变出现情况

详情如表6所示。

表6　单篇朗读作品中"啊"的音变出现情况

作品编号	出现次数	具体情况	分析
3号	"啊"1次、"呀"1次	①多占地面呀，抽空把它搬走吧。 ②原来是天上的啊！	
5号	"啊"1次	好大的雪啊！	
16号	"啊"1次	火光啊……	
17号	"呀"1次	最妙的是下点儿小雪呀。	
18号	"啊"2次	①啊！小桥呢？ ②啊！蜕变的桥，传递了家乡进步的消息，透露了家乡富裕的声音。	该作品中出现2次"啊"，但都是独字句，无音变
22号	"啊"2次	①它便敞开美丽的歌喉，唱啊唱，嘤嘤有韵，宛如春水淙淙。 ②是啊，我们有自己的祖国，小鸟也有它的归宿。	
25号	"啊"2次、"呀"3次	①那醉人的绿呀！ ②满是奇异的绿呀。 ③那醉人的绿呀！ ④但这是怎样一个妄想啊。 ⑤这才这般的鲜润啊。	

续表

作品编号	出现次数	具体情况	分析
27 号	"啊" 2 次	①狗该是多么庞大的怪物啊！ ②是啊，请不要见笑。	
39 号	"啊" 2 次	①应该奖励你啊！ ②我砸的不是坏人，而是自己的同学啊……	
42 号	"啊" 1 次	啊，是对我的美好前途的憧憬支撑着她活下去	"啊"在文中是独字句，无音变

二、"朗读短文"测试项内容效度概述

（一）朗读作品的用字情况

"朗读短文"为有文字凭借的测试项，应试人对汉字的掌握情况虽然并不是普通话测试的测试目标，却不可避免地影响着应试人在"朗读短文"测试项的整体表现。因此，朗读作品中不重复用字数和超纲（以超出 3 500 常用字为标准）用字情况对应试人的测试表现和测试成绩会产生一定程度的影响。如果某一篇朗读作品中的不重复用字数比较多、超纲字也相对较多的话，应试人的朗读难度就会加大。从 60 篇朗读作品的单篇不重复用字数来看，最少的为 167 个字（26 号作品《落花生》和 39 号作品《陶行知的"四块糖果"》），最多的为 242 个字（42 号作品《我的母亲独一无二》），相差 75 个字。从 60 篇朗读作品的单篇超纲（3 500 字）字数来看，最少为 0 个（有 14 篇），最多为 6 个（有两篇，22 号作品《可爱的小鸟》和 29 号作品《莫高窟》）。

（二）声母覆盖情况

60 篇朗读作品中有 57 篇实现了声母的全覆盖，只有 3 号作品《丑石》和 19 号作品《坚守你的高贵》中未出现声母 p，35 号作品《世间最美的坟墓》中未出现声母 c。

（三）韵母覆盖情况

有两篇朗读作品（9 号《风筝畅想曲》和 20 号《金子》）全面覆盖了所

有韵母，接近一半（26篇）的朗读作品中有3个未出现的韵母，另有13篇朗读作品中有2个未出现的韵母，有11篇朗读作品中有4个未出现的韵母。具体到单个韵母的覆盖情况，韵母 ueng 的未出现率最高，60篇朗读作品中有56篇没有出现该韵母；其次是韵母 ün，27篇朗读作品中没有出现这个韵母；韵母 iong 和 o，23篇朗读作品中没有出现这两个韵母；韵母 uai，15篇朗读作品中没有出现。

（四）儿化韵的覆盖情况

共有31篇朗读作品中没有出现儿化韵，另有14篇朗读作品中出现1处儿化韵、4篇作品中出现2处。也就是说，大约一半作品中没有出现儿化韵，不到1/3的作品中出现1处或2处儿化韵。而41号朗读作品《天才的造就》中却出现了10处儿化韵。可以说，儿化韵的覆盖情况不平衡。

（五）轻声的覆盖情况

从必读轻声词来看，出现必读轻声词最多的是25号朗读作品《绿》，共出现70处；出现必读轻声词最少的是54号朗读作品《赠你四味长寿药》，只出现了17处，相差悬殊。从轻声词总数（包括必读轻声词和可读轻声词）来看，出现轻声词最多的是33号朗读作品《散步》，共出现了85处，占前400个音节的21.25%；出现轻声词最少的还是54号作品《赠你四味长寿药》，只出现了22处，仅占前400个音节的5.5%。接近八成（47篇）朗读作品中的轻声词在前400个音节中占比在10%～19.99%；60篇朗读作品中有44篇（占比73.33%）中的必读轻声词以结构助词"的、地、得"和动态助词"着、了、过"为主（即超过50%）。轻声词既具有别义功能又具有非别义功能，轻声词的非别义功能直接左右着篇章的语流节奏和韵律结构，因此轻声词的多寡对于普通话水平测试应试人朗读能力的发挥会产生不同的影响，是需要普通话测试研究者认真考察的方面。

（六）"一"的变调覆盖情况

在所有的60篇朗读作品中都出现了"一"的变调，其中除44号作品《我为什么当教师》中仅出现了2处"一"的变调以外，其余59篇作品中都至少出现了3处"一"的变调。有2篇朗读作品（26号《落花生》和39号《陶行知的"四块糖果"》）中"一"的变调只发阳平调；有2篇朗读作品（27号《麻雀》和44号《我为什么当教师》）中"一"的变调只发去声。此外，有7篇朗读作品中出现了保持"一"的原调（阴平）的序数词"一"，另有 1 篇作品中出现了保持"一"的原调（阴平）的词尾"一"，即"之一"。出现"一"的变调次数最多的是 46 号作品《喜悦》，共出现 18 处，其中 13 处为"一种"。

（七）"不"的变调覆盖情况

在全部 60 篇朗读作品中，只有 45 号作品《西部文化和西部开发》中没有出现"不"。在出现"不"的其余 59 篇作品中，有 4 篇作品中的"不"仅变调为阳平，有 10 篇作品中的"不"均保持去声。另有 19 篇作品中出现了可读轻声的"不"。

（八）"啊"的音变覆盖情况

"啊""呀"共在十篇作品中出现了 19 次，其中"啊"出现 14 次，"呀"出现 5 次。在"啊"出现的 14 次中，3 次为独字句，无须音变；剩下的 11 个"啊"分布在七篇作品中，具体如下：

例 1　原来是天上的啊！（3 号作品《丑石》）

例 2　好大的雪啊！（5 号作品《第一场雪》）

例 3　火光啊……（16 号作品《火光》）

例 4　它便敞开美丽的歌喉，唱啊唱，嘤嘤有韵，宛如春水淙淙。（22 号作品《可爱的小鸟》）

例 5　是啊，我们有自己的祖国，小鸟也有它的归宿。（22 号作品《可爱的小鸟》）

例 6　但这是怎样一个妄想啊。（25 号作品《绿》）

例 7　这才这般的鲜润啊。（25 号作品《绿》）

例 8　狗该是多么庞大的怪物啊！（27 号作品《麻雀》）

例 9　是啊，请不要见笑。（27 号作品《麻雀》）

例 10　应该奖励你啊！（39 号作品《陶行知的"四块糖果"》）

例 11　我砸的不是坏人，而是自己的同学啊……（39 号作品《陶行知的"四块糖果"》）

根据林焘先生的《北京话的连续音变》中所言，"啊"的音变可以分为两种情况，一种是自由音变，另一种是不自由音变。自由音变是指虽然具备了音变条件，但是音变的结果可以发生也可以不发生；不自由音变是指一旦具备了音变条件，必然要发生的音变。林焘先生认为"啊"的不自由音变有四种情况，如表 7 所示。

表7

音变条件	"啊"的音变	举例
〔−n＋a〕	〔a→na〕	看啊→看哪
〔−i＋a〕	〔a→ia〕	洗啊→洗呀
〔−ü＋a〕	〔a→ia〕	雨啊→雨呀
〔−a＋a〕	〔a→ia〕	擦啊→擦呀

　　由此判断，以上例句中，只有例7（25号作品）和例10（39号作品）中的"啊"属于不自由音变，需要分别音变为"哪"和"呀"，其余例句中的"啊"即使朗读时不做音变处理也是可以接受的。也就是说，在普通话水平测试60篇朗读作品中只有两篇作品（25号和39号）中的两个"啊"需要音变，考察内容相当有限。

　　综上所述，60篇朗读作品基本做到了声母的全面覆盖（仅有3篇作品中分别有1个声母未能包括）；韵母的覆盖情况不如声母，约有2/3（39篇）的朗读作品中有2～3个韵母未能包括；近一半（27篇）的朗读作品中没有出现儿化韵，另有15篇作品中只出现了1处儿化韵；60篇朗读作品中的轻声词分布情况也很不均匀，在单篇朗读作品中轻声词最多出现85处（必读轻声词最多出现70处），最少出现22处（必读轻声词最少出现17处）；60篇朗读作品中都出现了"一"的变调，有8篇作品中出现了保持原调（阴平）的"一"；60篇朗读作品中有1篇没有出现"不"的变调；60篇朗读作品中仅有2篇出现了"啊"的不自由音变情况。

三、小结

　　应当指出，能够均衡地考察所有测查要素是我们所追求的理想状态，而"朗读短文"测试项的60篇朗读作品是一种限定性自然语料，要求其达到这种均衡的理想模态是不现实的。"朗读短文"只是普通话水平测试的测试项目之一，"朗读短文"测试项的限定性自然语料与"读单音节字词""读多音节词语"的设定性平衡语料以及"命题说话"的自主产出性语料互为补充，系统而全面地构成了普通话水平测试的测试内容。

参考文献：

［1］桂诗春，宁春岩．语言学方法论［M］．北京：外语教学与研究出版社，1997.

［2］《普通话水平测试实施纲要》朗读作品选编课题组．关于普通话水平测试用"朗读作品"的分析报告［J］．语言文字应用，2004（3）.

［3］王晖．普通话水平测试阐要［M］．北京：商务印书馆，2013.

［4］张凯．语言测验理论与实践［M］．北京：北京语言大学出版社，2002.

［5］邹申．TEM考试效度研究［M］．上海：上海外语教育出版社，1997.

14 语言学研究的新视野

——浅论张公瑾先生的文化语言学理论

牛 杰

摘要：本文介绍了导师张公瑾先生20多年来在语言文化研究领域的学术成果。张先生在多年的探索中，从民族语言文化的多样性和复杂性中看到，传统语言学难以解释语言与文化之间的关系，因此他将自然科学中的浑沌学理论和方法应用到语言文化研究之中，提出了九项方法论原则：系统平衡性原则、异源联想原则、名实相关性原则、异物同构性原则、中心边缘依存性原则、语言思维同一性原则、初值延续性原则、演化随机性原则和整体性原则，力图揭示语言的文化价值，使语言学成为一门具有普遍意义的思维科学。

关键词：浑沌学 语言的文化价值 方法论原则

追溯语言学的发展历史，我们看到一个事实：语言学的每一步发展，都是与当时的时代思潮息息相关的。西方文艺复兴时期，培根、洛克的经验唯物主义和笛卡尔的辩证法，是那个时代的主旋律思潮，于是在语言学上就有了古典语文学和普遍唯理语法两个流派；19世纪初在大工业发展的浪潮影响下，语言学中有了葆朴的机械论；19世纪在达尔文学说盛行的背景下，语言学产生了施莱哈尔的语言亲属关系的"谱系树"理论；19世纪末20世纪初涂尔干的社会学和弗洛伊德的心理学，孕育了索绪尔语言学的心理学派，而到了20世纪下半叶，乔姆斯基的大脑先天机制理论和转化生成语法，则是高科技时代的产物。我们不难看到，语言学从来都是与时代

作者简介：牛杰，毕业于中央民族大学语言学系，现就职于首都经济贸易大学国际学院。多年从事语言教学工作，熟悉国内外语言教学理论。参加过国家汉办孔子学院项目，曾在美国克利夫兰大学孔子学院执教。近年来一直关注浑沌学理论与语言文化研究。

思潮紧密相连的。同时，语言学也能成为时代思潮的先导，例如历史比较学产生之后，立刻被应用到神话学、宗教学、文学、哲学之中；结构语言学产生之后，被应用到人类学、社会学等学科中，成为一门领先学科。中国语言学经历了训诂、音韵以及从《马氏文通》开始的用西方语言学分析研究汉语的不同时代。

一、学科发展

文化语言学产生于 20 个世纪 80 年代的中国，这门学说之所以能在我国产生，是与时代背景紧密相连的。我国是一个多民族的国家，政府承认文化多元性、提倡各民族尊重彼此文化、实行语言平等政策等，是这门学说的产生发展的前提。

1982 年张公瑾先生在《中央民族学院学报》发表的《社会语言学与中国民族史研究》是将现实语言中的问题与历史文化结合起来进行综合思考与研究的开端，实际上开了"文化语言学"这门学科的先河。1990 年张公瑾先生在中央民族大学开始招收文化语言学方向的研究生，率先在国内高校开设了文化语言学、语言与文化研究方法论等课程。

从 20 世纪 80 年代开始，张公瑾先生致力于文化语言学的理论建设，撰写了《语言的文化价值》《文字的文化属性》《文化环境与民族语文建设》《文化语言学的性质和任务》《文化语言学与民族语言研究》《语言学思维框架的转换》《语言的生态环境》《走向 21 世纪的语言科学》等有影响的论文，深入阐述了语言的文化价值和文化属性，构建出学科的理论构架，以新的视角，将语言与文化的研究从词汇和文字领域扩展到词汇、语音、语法、语言类型、语言系属、地理分布和文字诸方面，将语言事实和民族文化、民族的思维方式联系起来，力图使语言学成为一门具有普遍意义的思维科学，为语言学研究开创出一片新天地。

二、理论建设

张公瑾先生有着宽广的学术视野，他不仅关注语言学之外的社会科学研究，也关注和跟踪自然科学的最新进展，并大胆吸收其他人文学科乃至自然科学的理论成果来发展语言学。把浑沌学和其他非线性科学理论引入语言研究，是张公瑾先生对语言学学科发展的重要理论贡献。

浑沌学是 20 世纪初以来在自然科学领域发展起来的重要理论体系，是科学思想史上一次新的革命。该理论 20 世纪 70 年代得到迅速发展，它以直观和整体为基点来研究事物状态的复杂性和各种非线性现象，更着眼于总体、过程和演化。

张公瑾先生早就认识到，语言是一个开放的、演化的、有着大量外界干扰的复杂系统，特别是在语言与文化的关系中，存在着大量非线性现象，系统内部一些微小的、不确定因素或来自系统之外的微小干扰，就可以导致巨大的、不可预测的波动。这就需要用浑沌学的理论和方法加以把握。以往的语言学只把语言看成一个线性系统，历史语言学和结构语言学研究语言使用的都是线性分析的方法，对言语分析中的非线性问题往往忽略不计。而浑沌学的许多理论观念如非线性、随机性、自相似性、分形、分叉、初始条件、蝴蝶效应等，可以很好地解释语言与文化关系中存在的许多实际问题，具有重要的方法论意义。

在张公瑾先生的推动下，浑沌学理论与语言文化研究的结合已经有了初步的成就。他引入浑沌学的理论与方法，建立文化语言学的方法论基础。在以往八个研究平面（语音、词汇、语法、语言系属、语言类型、语言地理分布、文字和语言整体性研究）基础上，提出九项方法论原则，即：系统平衡性原则、异源联想原则、名实相关性原则、异物同构性原则、中心边缘依存性原则、语言思维同一性原则、初值延续性原则、演化随机性原则和整体性原则。

在《壮侗语：分布与演化的浑沌》一文中，我们可以看到张先生运用平衡与平衡破缺理论解析黎语、状语、傣语塞音系统的分布和演化的生动过程，可以看到他运用奇异吸引子理论发现傣语数词"一"与傣语"二月"之间的奇妙关系，还看到他运用对初值的敏感依赖性理论对壮侗语族系属问题的科学解释，这些探索严谨深入、生动有趣。

在《文化格局中的词》一文中，张公瑾先生提出要特别注重词的文化意义以及词在一定文化环境中的地位和作用。他列举了壮侗语族中"田埂"一词，在布衣语、傣语、侗语、仡佬语、水语、毛南语、黎语等语言中都有"水田"和"旱田"，语音上有着对应关系，是这个语族共同的词汇，而傣语里"田埂"一词在其他语言中找不到对应规律，它只是傣语中的固有词。在早期的农业生产活动中，因地广人稀，人们择地而耕，所以谈不上严格的界限，也就不存在"田埂"这一概念。傣语中"田埂"一词是从秦汉到唐宋之间的农村公社制时期才产生的，当时傣族先民已形成独立的人们共同体，在农村公社制度下，村内各户平均分配土地，村跟村、户与户之间有了明显的田界，才有了"田埂"一词。

张公瑾先生这一系列的探索拓宽了文化语言学科的研究视野和发展空间，如依据分形和层次自相似性的原理，认识语言与文化整体及与其他文化现象的一致性关系；依据整体把握的原理，揭示各种语言和方言固有的文化气质；依据平衡与平衡破缺的原理，重新论证了萨丕尔语言演变"沿流"说；依据内部随机性和外部干扰作用，重新审视语言接触与语言结构变异；依据奇异吸引子的原理，研究汉字对汉语演变的影响；依据初值敏感依赖性和分叉原理，对传统的施莱哈尔"谱系树"语言演化模式进行纠正，提出"河网状"语言演化新模式。

张公瑾先生在数十年从事民族语言文化教学和研究的基础上，提出了崭新的定义：文化是各民族对特定环境的适应能力及其适应成果的总和。这个定义的特点第一是具有概括性，即做定性的规定，这就可避免泰勒例举式定义中缺漏某些重要内涵的弊病；第二是它的具体性，指出文化是各民族在特定环境下适应过程的成果；第三是承认文化的多元性，承认每个民族创造文化的能力，承认文化多元的价值；第四是它的适应性，认为文化是对环境适应的成果，而不是汤因比所谓挑战与应战的关系；第五是它的能动性，即将人创造文化的能力包括在内，避免了《辞海》文化定义中不提能力的缺陷。因此，这个定义简洁、明确，概括力强，在揭示文化重要内涵方面更为深刻，更具前瞻性和普适性。这是张公瑾先生对文化研究的基础性贡献之一。

在张公瑾先生的语言文化理论中，明确将语言纳入文化范畴。为了体现语言的文化性质和文化价值，为了体现文化的具体性、多元性、能动性和适应性的特点，他在《文化语言学发凡》一书中提出了语言和文化的新概念，并将语言事实和民族文化、民族的思维方式联系起来，力图使语言学成为一门具有普遍意义的思维科学。他从民族语言文化的多样性和复杂性中看到，语言与文化之间存在着复杂的互动关系，传统语言学难以解释语言与文化之间的各种复杂性。在长期的探索中，他将自然科学中的浑沌学理论和方法应用到语言文化研究之中，为拓宽语言学的研究领域，丰富语言学理论，提高语言学的社会应用价值做了开拓性的工作。

三、学科展望

在跨入新世纪的十余年里，以张公瑾先生为领军人物的团队召开了七届浑沌学与语言文化研究专题研讨会。每届研讨会都收到数十篇论文，在这些论文中，中外研究者注重将浑沌学原理应用于语言演变、语音语法结构、词语组合、二语教学、双语使用、语言性别、网络话语等多方位的研究。拿二语教学来说，二语习得是一个复杂、非线性的过程，个体的差异、学习效果的评估、中介语的不稳定性都要求我们整体把握研究对象。

经过20多年的发展，文化语言学已经成为中国语言学的一个独立学科。张公瑾先生生前对文化语言学的前景充满希望，他认为文化语言学不仅承认人类语言和思维模式的普遍性，而且力图揭示人类语言和思维模式的民族性，这不仅符合世界思想领域的潮流，也符合中国语言研究的实际需要和语言学科发展的规律。作为语言学发展的一个新的趋向，文化语言学有着光明无限的前景。

参考文献：

[1] 张公瑾. 张公瑾文集［M］. 北京：中央民族大学出版社，2013.

[2] 张公瑾. 文化语言学发凡［M］. 昆明：云南大学出版社，1998.

[3] 王峰. 张公瑾：少数民族语言和文化事业的拓荒者［J］. 中国社会科学报，2014.

[4] 张公瑾，丁石庆. 文化语言学教程［M］. 北京：教育科学出版社，2004.

[5] 张公瑾，丁石庆. 浑沌学与语言文化研究［M］. 北京：教育科学出版社，2005.

15 商务汉语口语课教学方法探索

辛玉彤

摘要：近年来，伴随着我国国际地位的大幅提高，国内外掀起了一股汉语学习的热潮，而随着我国对外经贸、商务活动的日益频繁，对外商务口语课越来越受到留学生和外籍人士的关注和欢迎。在课堂教学中，教学方法和模式在很大程度上影响着学生的学习行为模式和学习效果，因此研究并探索适应社会和时代发展、符合留学生需求的商务口语教学方法是非常必要的。本文对商务汉语口语课的特点及几种常用的教学方法做了分析和探讨。由于商务汉语具有极强的交际性，而这一特点又突出体现在商务口语中，因此本文认为商务汉语口语课教学应重视加强学生解决实际问题的能力，鉴于此，本文对当前较受关注的情景教学法、任务教学法以及案例教学法等三种教学法进行了分析和总结，最后提出了自己的看法。

关键词：商务汉语 口语课 教学法

一、引言

随着我国对外经济交往的日益频繁，学习汉语或商务汉语成为许多国际人士的迫切需求，商务汉语教学渐渐成为对外汉语教学的一个热点，对商务汉语的研究也逐步受到重视。作为留学生商务汉语口语教师，笔者结合自己的一些教学心得，对商务汉语口语课的教学特点做了初步的分析和探讨，以期找到更好的教学方法。

二、对商务汉语口语课的认识

国内对外汉语界的专家对于商务汉语的界定提出了很多观点。赵金铭先

作者简介：辛玉彤（1975 年生），首都经济贸易大学国际学院教师，研究方向：对外汉语教学、跨文化交际、中国古代文学与文化。

生认为，商务汉语是特殊目的的汉语，商务汉语是专业汉语，不是普通汉语，是在商务环境中使用的汉语，是具体的应用，是普通汉语教学不能替代的，其教学目的是普通汉语教学难以完成的。美国哥伦比亚大学的刘乐宁先生认为，商务汉语是专业汉语，是一种具体的工作语言，这种语言的许多词语结构和语用特征是通用汉语课堂中学不到的，必须专门讲授和实践。中山大学的周小兵先生认为，商务汉语是专用汉语中的一种，属于职业外语。

在我国的英语研究与教学中，专门用途英语早已受到了重视，而我国对外汉语的分类划分也借鉴了已经发展成熟的专门用途英语理论。专门用途英语（English for Specific Purposes，ESP），这个概念提出于 20 世纪 60 年代后期，第二次世界大战已经结束，当时以美国为首的西方国家的科技、经济迅猛发展，英美文化在世界各国广泛传播，在各国人民日益频繁的经贸、文化交往中，英语逐渐成为最普及的交流工具语言。在这一发展进程中，非英语母语国家的人们学习英语的目的也不再单一，而是多样化发展，英语教学逐渐与职业、学业和就业等多种需求相联系，ESP 正是为了满足各类不同目的的学习者的多种学习需求应运而生的。ESP 还根据不同研究方向，被分为商务英语、科技英语、医药英语、法律英语……与专门用途英语相对的，是一般用途英语（English for General Purposes，EGP）。EGP 指的是在学校教授的基本英语知识。EGP 强调的是指导学生理解英语的基本语言结构，这主要包括词汇和语法。接受了 EGP 教学法系统训练的学生，能够欣赏英语文学作品，也能够通过普通英语语言水平测试，然而这些学生在遇到特定专业领域的英语问题或事务时，则常会由于缺少相关的专业知识而感到无从下手，困难重重。ESP 则有助于学习者在专业领域大显身手。

哈钦森（Hutchinson）和沃特斯（Waters），在《专门用途英语》（1987）一书中分析和论述了 ESP 和 EGP 的不同性质，并提出了提高 ESP 教学效果的几种学习模式，这些都对研究专业英语教学具有很重要的借鉴意义。他们在书中提出了两个重要的观点：首先，ESP 并不是教一种"特殊种类"的英语。他们认为，虽然 ESP 有着特殊的语言特性，但是并不意味着它是一种特殊的语言种类，ESP 与 EGP 之间的共性大于特殊性。其次，从教学基本原则上看，二者并没有本质的区别。ESP 在教学内容上虽然与 EGP 存在差异，即 ESP 的教学内容与专业和职业更为相关，不过教与学的过程却是相同的。

由此可见，商务汉语可以称为一种专门用途汉语，普通汉语则是一般用途汉语。商务汉语不是独立于普通汉语之外的特殊种类的汉语，它同样要遵循普通汉语的语言规律，所以对外汉语教学的一般教学方法也同样适用于商务汉语教学。但是商务汉语不同于普通汉语，因为它们的教学内容不同，所要解决的问题也不同。普通汉语以日常生活为场景，要解决日常交际问题，商务汉语是一种专用汉语，以商务活动为场景，要解决的是商务活动中的交际问题。

由此不难看出，我们所教授的商务汉语是一种工作类语言，和工作相辅相成，与社会的政治、经济、文化紧密相连，具有较强的专业性。从客观上看，商务汉语要求严谨准确，特点主要在于其教学的专业化和较强的针对性，归根到底，实用性是商务汉语最大的特点。作为第二语言教学，对外商务汉语与基础性对外汉语同样遵循着第二语言教学规律，因此在课程设置上都十分突出听、说、读、写四项基本技能的训练，分别开设了相应的听力、口语、阅读和写作课程。商务汉语口语课作为商务汉语中必不可少的课程，强调的不仅是学生口语的水平，而是一种实际综合素质的提高。其教学的目的是提高学生的商务表达和沟通能力，使学生能用最准确、清晰的商务语言与客户进行商务沟通。同时，该课程将教会学生如何在商务领域中运用汉语，使学生掌握商务活动中必备的汉语词汇，提高学生在宴会、接待、考察、谈判等商务环节的汉语运用技巧，其中包括让学生了解中国商务文化和礼仪，以适应将来工作的需要。

三、三种教学法

商务汉语尤其是商务汉语口语课是非常重视实践的课程，需要实战操练，因此口语课教学，要求学习者有目的地开口交流，完成商务交际。接下来，本文将结合笔者自身的实践经验及教训，对当前在教学领域较受关注的情景教学法、任务教学法以及案例教学法等三种教学法进行一些粗浅的分析。

（一）情景教学法

情景教学法（situational method），是 20 世纪 60 年代英国外语教学所采取的主要方法，是在听说法的基础上发展起来的一种教学方法。情景教学法除了注重听说还注重"看"，即在英语教学中利用幻灯机、投影机或教学电影，给学生播放伴随着纯正地道发音的生动的画面。学生可以一边听，一边看，一边说。他们可以把看到的情景和听到的声音自然地联系起来，仿佛置身于真实的语言环境之中。它除了注重按照语言习得的规律教授语言，还注重语言输入的"质"，因此还被称为视听法（audio - visual methed）。另外，随着科技的进步和教学手段的革新，情景教学法除了强调教学生掌握语言结构外，更强调教学情景的作用，强调视觉在学习语言当中的重要性，追求在情景中习得语言。

英国的功能语言学家哈利迪（Halliday）说："我们的母语，是通过在具体情景中表现出来的举动，而不是靠掌握表达的规则来习得的（when we acquire our primary language，we do so by learning how to behave in situations，not by learning rules about what to say. ）"即语言的学习和掌握必须结合对其文化背景的了解和掌握。语言技能并不等于沟通技能。若想学好商务汉语，必须同时对企业的商务、企业文化和中国文化的背景进行深入了解，因为任何形式的语言运用都遵循它所处文化赋予的规则并受其制约。因此，在实际教学中，我们可以将情景语言教学法进一步扩展，根据沟通技能的需要设计可行的情景，同步获得语言习得与沟通技能，变僵化的语言表达为有效的沟通交流。

不过，情景教学法也有一些不足，比如，它强调学生对学习材料的看、听和说，说的内容也以重复、学习既定材料为主，属于偏重输入型的教学方法，在强调学生的主观能动性和创造性上有明显不足。

（二）任务教学法

20 世纪 70 年代，以培养社会交际能力为目标的任务型语言教学法（task - based language teaching，TBLT）产生，该方法又称"交际法"。20 世纪 80 年代逐渐形成强势交际法（strong version）和弱势交际法（weak version）两种教学论和教学法。以英语教学为例，强势交际法把掌握二语/英语视为交际活动的结果，主张通过交际活动习得（acquire）交际能力（Howatt，1984）；弱势交际法认为语言是交际工具，交际活动只是教学手段之一（Howatt，1984）。印裔英籍语言学家珀拉胡（N. S. Prabhu）认同强势交际法，他于1979—1984 年在印度南部班加罗尔地区的小学开展英语作为第二语言的交际教学法实验，以"任务"的形式组织课堂教学，在交际中培养学生语言能力，从而形成任务型二语教学法的最初形态。

任务教学法的几条原则是：

（1）注重语言意义的原则。任务型教学法注重语言意义功能的表达，对语言的结构形式较为宽容，认为意义传达是交际与沟通的基础。任务型教学法对语言意义表达能力的培养予以充分关注；对语言结构形式的偏误允许保持一定的容忍度，只有当语言结构形式的偏误严重影响意义表达的准确时，教师才进行干预和纠误；任务活动的最后环节，通常由教师梳理归纳本次任务的语言点，包括语言的结构形式。

（2）强调交际过程的原则。任务型语言教学以培养交际能力为目标，教师教学的重点是设计"做什么"、"分哪几个环节做"和"怎样做"；学生如同"演员"，教师如同"编剧"兼"导演"；交际过程亦即执行任务的过程，语言能力的获得贯穿于整个过程。

（3）模拟真实语境的原则。"做中学"是任务型语言教学法的精髓，它排斥"哑巴语言"，坚持在真实语境中学习和使用鲜活的动态语言。因此，课文内容和任务主题来自现实生活，课堂教学活动是对真实场景的模拟，允许根据教学需要将课堂拓展到校外，变语境模拟为真实场景。

（4）坚持课堂互动的原则。任务型教学法将教师、学生乃至其他在场者都视为参与者。

布朗认为："互动性是交际的全部……在对语言教学进行了几十年的研究之后，我们发现互动途径本身是学会交际的最有效方法。互动性指两人或两人以上互相交流思想、情感或想法的活动，其结果是交流的各方从中受益。交际能力理论强调了互动作为人类在不同语境中使用语言'协商'意义的重要性。"互动是交际核心，学生是教学主体，在互动中完成任务，既有语言输入，也有语言输出，通过互动完成语言习得和检验。

但是，任务型教学法也有一定的局限性，如任务设计的随意性、任务模式的单一性以及测试评估的非科学性等。如何结合工作实际和生活真实设计多样化"任务"，还有待在实践中不断探索和完善。

（三）案例教学法

案例教学法（case methods）指教师在教学过程中，以真实的班级生活情境或事件为题材，供学生相互讨论之用，以激励学生主动参与学习活动的一种教学方法。

案例教学法起源于 20 世纪 20 年代，由美国哈佛商学院所倡导，当时是一种很独特的教学方式，案例都来自商业管理的真实情境或事件，这种教学方式有助于让学生主动参与课堂讨论，实施之后，颇具成效。案例教学法到了 80 年代才受到师资培育课程的重视。1986 年，美国卡内基小组（Carnegie Task Force）在其《准备就绪的国家：21 世纪的教师》（A Nation Prepared：Teachers for the 21st Century）的报告书中，特别提出案例教学法在师资培育课程的价值，并将其视为一种相当有效的教学模式。国内教育界开始探究案例教学法，则是 20 世纪 90 年代以后的事了。

案例教学法是一种以案例为基础的教学法（case－based teaching），案例本质上是提出一种教育的两难情境，没有特定的解决之道，而教师于教学中扮演着设计者和激励者的角色，鼓励学生积极参与讨论，而不像是传统的教学方法，教师被设定为一位很有学问的人，扮演着传授知识者的角色。

案例教学法的过程，大致可以归纳如下：①收集班级真实生活情境资料；②将所收集的资料形成教学案例；③进行班级团体讨论或班级小组讨论；④讨论中，成员轮流担任领导者角色；⑤归纳各组或团体意见。在案例讨论过程中，可以质疑他人的想法，学习如何发问，进而学习到独立思考、与人相处、解决冲突、尊重他人等能力。

当然，案例教学法也存在不足之处。一是连续性不强。案例叙述的是某一事件或某一现象，案例与案例之间在事件的叙述上常常是不连续的，这样，学生所获得的知识、技能等难以进入一个整体框架中，不利于学生系统知识结构的建立。二是要实施案例教学，需要教师事先将应具备的背景知识、语言知识等先传授给学生，或者提前让学生做大量相关知识的储备工作，否则对于学生来说，直接面对某些专业知识性很强的案例还是比较困难的。

综上所述，本文认为，在商务汉语口语课上，教师应该遵循精讲多练的对外汉语教学原则，因材施教，针对不同需求、层次的学生以及不同的教学内容采用灵活多样的教学方法，不必拘泥于某一种教学法。很多时候，甚至可以融合几种不同的教学法于一个或几个练习中。例如：在教授商贸洽谈的内容时，可以先采用情景教学法，将课本自备的情景教学录像放给学生，在掌握了相关知识的基础上，继续运用任务教学法，将学生按买卖双方分组，并在组内进行分工，布置洽谈内容，并对谈判目的、方法进行限定，让学生模拟商贸洽谈，教师最终针对洽谈结果进行点评。在学生已经对所学内容有了比较深入理解的情况下，教师还可以给学生介绍一些真实的谈判案例，并让学生针对此案例进行讨论，这样可以更加深化学生对学习内容的理解和掌握。

总之，教学有法，但无定法。作为商务汉语教师，平时应该多搜集国内外商贸信息，紧跟时代和社会的发展潮流，注意随时丰富自己的商贸专业知识，同时更要留心积累中国商务文化沿革与变迁的知识，不忘传统，并与时俱进，在教学的道路上认真探索，不断前进。

参考文献：

［1］钱敏汝．跨文化经济交际及其对外语教学的意义［J］．外语教学与研究，1997（4）．

［2］周思源，林国立．对外汉语教学与文化［M］．北京：北京语言文化大学出版社，1997．

［3］朱黎航．商务汉语的特点及其教学［J］．暨南大学华文学院学报，2003（3）．

［4］袁建民．关于"商务汉语"课程、教学和教材的设想［J］．云南师范大学学报，2004，2（2）．

［5］张黎．商务汉语教学需求分析［J］．语言教学与研究，2006（3）．

［6］林莉．情景语言教学在商务口语中的应用［J］．武汉科技学院学报，2005（9）．

［7］杨东升，陈子骄．有关商务汉语几个理论问题的探讨［J］．辽宁工业大学学报：社会科学版，2008，10（3）．

［8］曾学慧．对外商务汉语与基础性对外汉语衔接问题探讨［J］．边疆经济与文化，2006（6）．

［9］顾伟列，方颖．商务汉语任务型语言教学法初探［J］．云南师范大学学报，2009，7（2）．

［10］陈建平．交际教学法在商务英语教学中的实践［J］．邢台职业技术学院学报，2003，20（2）．

［11］Howatt A P R. A History of English Language Teaching［M］. Oxford：Oxford University Press，1984．

［12］中国社会科学院语言研究所词典编辑室．现代汉语词典修订本［M］．北京：商务印书馆，1996．

［13］Brown H D. Teaching by Principles［M］. Upper Saddle River，NJ：Prentice Hall Regent，1994．

16 代词"其"能否充当主语之争

刘文政

摘要：人称代词"其"在古代汉语中一般用作定语或者主谓结构中的主语、分句的主语、复指成分的主语，这基本上已成学界之共识；而对于"其"能否充当独立句中的主语，学者们的意见尚无法达成一致。本文归纳总结了前辈时贤对古代汉语和现代汉语中"其"的研究成果，认为对于近年来新闻报刊中对"其"的使用的泛滥之势，我们不可听之任之，对不符合语言习惯的用法还是应该帮助指正。

关键词：人称代词 其 主语 规范

"其"在古代汉语中可作代词（人称代词、指示代词），也可作副词、助词、连词。现代汉语中，"其"也可作人称代词。以《古代汉语词典》、《现代汉语词典》和《汉语大辞典》为例，这三部词典对"其"的释义都有以下两项：①代词，表第三人称领属关系，如他（她、它）的，他（她、它）们的；②代词，也指代第三人称，如他（她、它），他（她、它）们。"其"的其他义项在三部词典中的解释不尽相同，本文只将作为代词的"其"作为研究对象，其他词性及用法不在本文讨论范围内。

古代汉语中，"其"作人称代词时，一般用作定语，或主谓结构中的主语、分句的主语、复指成分的主语。在作主谓结构中的主语和分句的主语时，"其"有时等于所称代的对象加上一个"之"，相当于"名词"加"之"，这里的"之"用于取消句子的独立性。"其"在句中作小句的主语或宾语。如：

例1 子曰："君子无所争，必也射乎！揖让而升，下而饮。其争也君子。"（《论语·八佾第三》）

例2 不患人之不己知，患其不能（《论语·宪问十四》）

作者简介：刘文政（1970 年生），首都经济贸易大学国际学院讲师，研究方向：对外汉语教学。

例3 *爱之欲其生，恶之欲其死*（《论语·颜渊第十二》）

我们在考察"其"作为代词时，很自然会提出一个重要的问题："其"能否在独立句中充当主语？若能充当，又始于何时？

一、古代汉语中代词"其"能否充当主语之争

吕叔湘先生认为，"其"字只能用在领格，这是先秦的用例，汉魏以后，方可用于主格。王力先生采用了吕先生的意见，认为先秦时代，第三人称主格代词，还没有出现。他说，"上古第三人称不用于主格，同时也就是不用于主语"，其字作主语，"则出现于南北朝以后"。其他一些古汉语著作，也认为"其"作独立句主语是汉魏以后的事。

朱声琦（1983）根据接触到的先秦、两汉的一些例子，证明"其"作独立句主语的时代可能要早得多。从意念上说，"其"不能独立存在，它所称代的对象必须在上下文有所交代，但从语法结构上看，这些"其"都处于主语通常所处的位置上，基本上应该认为是独立句的主语。朱声琦认为，可以把"其"开始作独立句主语的时代上推到先秦。

"其"在古代汉语中一般作定语，作主语通常限于没有独立性的子句、分句或主谓结构短语。汉魏以后虽然出现了"纯粹主位"的用法，王力认为它违反了先秦语法，"这种情况的产生，是由于当时已经产生了新形式'伊''渠''他'等，著书的人不甘心用当代口语，而用古代的形式。'伊''渠''他'等字既然可以用于主语和宾语，作者就以为古人的'其'字也可以用于主语和宾语了"。

朱城（2003）变换角度和方式，对先秦时期代词"其"作主语的情况进行考察。用主谓结构充当主语的事实，论证"其"作主语有其先决条件；借助与"其"相关的表达方式和词语，通过比较分析，证明了先秦汉语中代词"其"能够用作主语。证明"其"作主语的确定性，明确"其"作主语的合理性及其语法特点。从归纳整理"其"作主语的其他材料中认识到"其"作主语并非偶然现象，且具有相当的使用范围。

曹亚辉（2009）分析了《论语》中"其"作代词的用法："其"作人称代词主要表示领属关系，通常表示第三人称，有时也表示第二人称、第一人称，在句中充当定语。《论语》中"其"作表领属关系的人称代词，用于第三人称和第一人称（没有用作第二人称的用例），用作第一人称时，包括作为

反身代词，可译为他的（它的），我的（自己的）。得出的结论是："其"作表领属关系的第三人称代词，在《论语》中使用非常广泛。"其"作第三人称代词，在句中还可以用于主格，充当主语，译为"他""他们"。

张映（2013）发现句首"其"在《诗经》中作主语的情况：在《国风》中有3例，在《雅》中有3例，如"四牡修广，其大有颙"。

颜丽（2002）对汉代作品《说苑》里的"其"字进行了穷尽式的考察，发现在190个人称代词中，作小句主语的有160例，作宾语29例（其中介宾25例），兼语1例，而作定语则有1107例。结论为："其"作为代词使用频率最高，出现1474次，占"其"出现总量的91.38%，其中，作为人称代词出现1297次，占"其"代词用法的87.99%，其他占12.01%。因此，汉代"其"字主要用作代词，并且主要用法是人称代词。"其"虽有作主语的情况，但均为小句主语。

栗延斌等（2007）认为，在上古汉语里，"其"字不能用作主语。在许多地方，"其"字很像主语，其实不是的。这是因为"其"字所代替的不是简单的一个名词，而是名词加"之"字，也即"名词＋之"式。对上古、中古之交的作品《战国纵横家书》中"其"字用法进行考察之后，得到的结果是："其"作为代词使用频率最高，出现44次，占"其"出现总量的59.46%。其中，作为人称代词出现27次，占"其"代词用法的61.36%；其他占38.64%。因此，汉代"其"字主要用作代词，并且主要用法是人称代词。在上古汉语里，实际上就没有用作主语的第三人称代词。魏晋以后，才偶尔出现"其"字用作主语的例子，但始终没有被普遍使用。这一说法在郭锡良等人编写的《古代汉语》一书中也可得到验证。现代汉语中用第三人称作主语的地方，在古代有两种表达方法：一种是重复前面出现的名词；另一种是省略主语。

综合学者们的研究考察，人称代词"其"在上古汉语中是可以充当独立句主语的，但使用频率太低。王力先生认为，"其"字作主语只能是中古以后，偶然有人用之，"那是不合上古语法规律的"。而郭锡良等人则具体指出那是魏晋以后的事，并断言始终没有被普遍使用。这也是无法否认的。

二、现代汉语代词"其"能否充当主语之争

人称代词"其"在文言系统中主要有两种用法：一是作定语，起修饰、

限定名词的作用，相当于"他/它（们）的"；二是在有限条件下作主语和宾语。王力认为，"其"字不能用于纯粹的主位，只能用于包孕句里，作首品句子形式的主语，"其"字"决不能作简单句的主语"。"其"一般只能作小句或主谓结构中的主语，不能作独立句的主语。王力认为，"今天的情况是惊人的相似。该用当代口语'他'的时候不少人不甘心用，而要用古代的形式"。

古代汉语的"其"是第三人称代词，指示代词，"他"是指示代词，现代汉语的"他"是第三人称代词。它们的词性和语法功能的差异是很明显的。黄智显（1992）认为，近几年来，有的作者似乎并未注意到这些差异，而是以"古"代"今"，造出了一些不符合现代汉语语法的句子。其中，最常见的是把古代汉语的"其"当现代汉语的"他"用。例如：

例4 16 日其打算在抢劫之后，如被追捕、阻拦，就要驾车横冲直撞，在大街上制造一起血案。

黄智显认为古代汉语没有这种用法。应改"其"为"他"。

永昶（2000）认为，有时候"用上'其'实在是不伦不类"。如：

例5 a. 嫌疑人雷×仔是阳东县大沟镇的农民，其于去年 12 月 18 日窜到某电脑室伪造了一个贴上自己照片的"江城区纪委办公室主任雷××"的工作证。（《广州日报》，2000 年 1 月 10 日）

对于此例，永昶觉得不仅"其"字不该用，而且整个句子太长，念下去让人喘不过气来。可以改为：

b. 嫌疑人雷×仔，阳东县大沟镇农民，他于去年 12 月 18 日窜到某电脑室，伪造了一个贴上自己照片的"江城区纪委办公室主任雷××"的工作证。

孙德金（2010）认为，"其"在现代书面汉语中基本沿用了自文言形成的句法功能和特点，在现代书面汉语继续发挥着不可替代的表达作用，因为它完全符合书写表达的"四律"要求。[①] 所以，只要有书写活动，"其"就会一直存在。在语法规范问题上也应根据"其"在不同语体中的实际使用情况确定合适的规范尺度，如例句新闻语体中"其"作主语的问题就不宜简单判为不规范。但是到底是不是不规范，孙德金没有明确说明。

由于"其"具有显著的语体色彩，具有语体标记的功能，在各种具体的

---

① 这指的是语言表达中制约语言单位在语体匹配上的一种选择机制：同类语体相配，形成语体和谐。谐体律与求简律、趋雅律、整齐律共同作用于书写表达。

语域中会有不同的表现，比如"其"与"他"在法律条文中分布差异很大。

在现代书面汉语中，"其"在定语、主语、动词宾语和介词宾语等位置上都有分布，动词宾语是充当兼语宾语，主语主要是分句中的主语，且多处关联词语后，这表明，尽管"其"作主语的功能有所发展，但仍然很受限制，不是其强势功能。

现代汉语将古代汉语中"其"作定语的用法保留了下来，并广泛运用，主要是因为定语位置上的"其"相当于"N + 的"形式，这种形式较为简洁，调节句子的韵律，形成双音节或四音节结构。此外，代词"其"在主语、宾语位置上都有分布，充当分句或主谓结构的主语、兼语句或双宾语句中的宾语。基于此，韦良玉（2015）认为，只要符合文言语法习惯，也没有明显的文白失谐，可以获得某些特殊效果的，没必要完全废除。但近年来"其"的使用有泛滥之势，衍生出种种不合文言语法的现象。

在符合文言使用习惯也不违背现代语法规范的前提下，出于简洁或书面语色彩的需要，现代汉语适当使用"其"作主语是可以的。"其"充当主谓结构的主语较为自由，有时也可以充当分句和全句的主语。例如：

例6 家住菅平路8号的吴进治，今年56岁。因其3岁时发生一次意外事故，双腿下肢摔成骨折，造成脚盘反转。（《厦门商报》，1998年5月14日）

例7 他再次向党中央庄严要求，"请中国共产党中央严格审查我一生奋斗历史，如其合格，请追认入党"。（《厦门日报》，在邹韬奋同志诞辰一百周年纪念会上的讲话，1995年11月6日）

以上两例的"其"作主语。但由于句子书面色彩较浓，而且用连词"因""如"等明确了复句关系，因此"其"处于分句地位，符合文言语法要求，可以被接受。但"其"作主语不可滥用，在没有明确复句关系或指代不明的情况下，将"其"字用在句子前面的主位上，是很难站住脚的。

"其"作主语并非固有用法，直到后来出现新的人称代词，人们将人称代词的用法套用到代词"其"上，"其"才偶尔被用来充当主语，但这种现象一直未成为主流。现代汉语已经形成了完善的人称代词体系，能用"他/它"来表达的，让"其"越俎代庖既不符合语法规范，也不符合现代汉语表达习惯。即使出于语言的书面性考虑必须要用"其"作主语时，也不能直接用在句子的前面，而是需要有连词搭配出现。

管珺等（2015）选取《编辑学报》等5种编辑出版类期刊以及《语言研究》等3种语言文字类期刊，研究各期刊对"其"的用法，结合《现代汉语词典》中"其"的含义以及《辞海》中"主语"的定义，对期刊中"其"的用法进行辨析，认为代词"其"在白话文里能够用作主语。

作主语时，通常以"其+动词"的形式出现，这就是典型的"主谓结构"。在选取的8种期刊中，"其"作主语的现象普遍存在。这里"其"的含义主要是指《现代汉语词典》中的②他（她、它），他（她、它）们。

例8　其涵盖了国内目前正常出版的所有专业期刊。

例9　其擅长教育、培训及学科研究类书刊出版。

例10　若其同时亦出现在正面表达中，则被保留。

《辞海》对"主语"的解释：谓语陈述的对象。在汉语中，主语一般在谓语之前，表示谓语说的是"谁"或者"什么"。经常用作主语的是名词和代词。管珺等认为，既然《辞海》里说明代词可以用作主语，那"其"作为人称代词，用作主语也未尝不可。

吴春玲认为，语言规范活动的基础是具有大多数人认同的正确语言形式，更加集中地涉及人的价值、情感和习惯问题。在现代文写作中，"其"的用法深入人心，使用频繁，说明得到了大家的一致认可。管珺等认为，对于语言的应用，要充分考虑其合理性、必要性以及大众使用频率，再就此作出相应的规范要求。"其"作为文言词，在古代汉语中便使用广泛，时至今日，依旧活跃在书报刊界。它本身可以被用作定语和宾语，那用作主语也无妨。

马梅玉（2012）指出，现代汉语中"其"主要用作定语，此外还可用作主语、兼语、介词宾语等。有人认为，现代汉语中把"其"当作主语是一种错误的用法。"其"在现代汉语中作主语是否合理，这是我们要弄清楚的一个问题。

"其"可以用作主语，在上古汉语中就存在这种用法（尽管这种用法出现的频率很低）。

例11　这名男子从1991年就开始在广州火车站谋生，不太可能是旅客给其这么多假币，而他居然没有发现。（《羊城晚报》，1999年6月9日）

例11中"其"作双宾语的间接宾语，这种用法在上古汉语中就已经存在。在当代一些语法研究者的著作论文中仍能看到"其"用作主语的用例。如：

例12　虚化是人类语言演变过程中普遍存在的一种现象，虚化可以是词义的由实变虚，也可以是语义功能的由实变虚，词义和语义功能的虚化实际上也就是语言演变中的语法化现象，其在语言的演变中具有重要的作用。①

例13　就已发表的论文看，这一按语义（意志类）分类的动词层级系统业已初步建立，其所包容的动词在各层级上的区分和对立也已在语义特征和句法特征上得到全面的细致的描写。②

例14　其所以如此，主要原因之一，就是北方方言是在乌拉尔阿尔泰诸语的影响下，形成和发展起来的。③

语法研究者们这么用是否完全有理呢？对我们来说，这也是值得思考的。

三、学界之争对我们的启发

语言是在不断发展变化的，这种变化也不是没有规律和章法的。关于"其"的用法，笔者同意孙德金（2010）的意见："在符合文言使用习惯也不违背现代语法规范的前提下，出于简洁或书面语色彩的需要，现代汉语适当使用'其'作主语是可以的。"对于近年来新闻报纸中对"其"的使用的泛滥之势，我们不可听之任之，对不符合语言习惯的用法还是应该帮助指正。以"其"为例，在汉语教学尤其是高级阶段的对外汉语教学中，教师一定要将规范的用法教授给学生。

参考文献：

［1］吕叔湘．文言虚字［M］．北京：中国青年出版社，1954.

［2］朱声琦．"其"作主语始于何时？［J］．浙江师范学院学报，1983（1）：89 - 90，13.

［3］王力．中国现代语法［M］．北京：商务印书馆，1985.

［4］黄智显．说代词"其"、"他"［J］．汉语学习，1992（5）：21 - 23.

［5］永昶．"该死"的文言词：阅报随笔［J］．语文建设，2000（11）：29 - 30.

［6］颜丽．《说苑》"其"字研究［J］．信阳师范学院学报：哲学社会科学版，2002（3）：80 - 82.

---

① 徐时仪．谈词组结构功能的虚化［J］．复旦学报，1998（5）．
② 吴为章．动词研究遐想［J］汉语学习，1995（5）．
③ 张卫东．试论近代南方官话的形成及其地位［J］．深圳大学学报，1998（3）．

［7］朱城．先秦时期代词"其"作主语考察［J］．语言研究，2003（4）：36－41．

［8］栗延斌，王伦．《战国纵横家书》中"其"字用法考［J］．鸡西大学学报，2007（5）：78－79，77．

［9］曹亚辉．《论语》中"其"作代词的用法分析［J］．现代语文：语言研究版，2009（8）：21－22．

［10］孙德金．现代汉语书面语中的代词"其"［J］．语言教学与研究，2010（2）：55－62．

［11］马梅玉．汉语"其"研究［D］．南京：南京大学，2012．

［12］张映．浅析"其"字在《诗经》中的用法［J］．山西经济管理干部学院学报，2013，21（2）：92－94．

［13］陈恒健．"其"，不可用作句子主语［J］．语文学习，2013（10）：75－76．

［14］韦良玉．文言代词"其"在现代汉语中的使用问题［J］．现代语文：语言研究版，2015（6）：66－69．

［12］管珺，张爱梅，刘俊英，等．代词"其"能否做主语的辨析［J］．编辑学报，2015，27（6）：545－546．